W0061254

Freude ist die vollendetste Form der Dankbarkeit

Weihnacht 1991

Freude

ist die vollendetste Form
der Dankbarkeit

**Freude ohne Dankbarkeit ist nur halbe Freude.
Dankbarkeit ohne Freude ist nicht möglich.**

Von Josef Schmidt

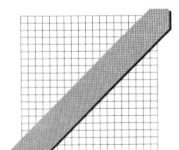

JOSEF SCHMIDT VERLAG
Eduard-Bayerlein-Str. 5
Postfach 10 11 62
D-8580 Bayreuth
Tel. 09 21 / 80 90 · Fax 09 21 / 8 09 34

ISBN 3-926 258-07-1

2. Auflage, 1990

© Copyright 1989 by Josef Schmidt Verlag, D-8580 Bayreuth
Alle Rechte der Verbreitung, auch durch Film, Funk, Fernsehen, fotomechanische Wieder-
gabe, Tonträger jeder Art und auszugsweisen Nachdruck sind vorbehalten.
Verlag: Josef Schmidt Verlag, D-8580 Bayreuth
Bildnachweis: Titel, S. 105, 119: Mauritius; S. 49, 143: IFA-Bilderteam;
S. 31, 127: Pictor International
Herstellung und Druck: druck-tröger, D-8590 Marktredwitz

Dieses Buch widme ich meiner Familie, mit der ich viel gelernt und viel Schönes erlebt habe — meiner lieben Frau, mit der ich seit 32 Jahren verheiratet bin, meiner Tochter Gabriele, ihrem Mann Siegfried und unseren drei Enkelkindern, meinem Sohn Rupert und seiner Frau Michaela. Nicht zuletzt brachten gemeinsame Diskussionen auch Beiträge zu diesem Buch.

INHALTSVERZEICHNIS

Geleitwort
von Prof. Dr. Pater Albert Ziegler

Selten hat mich ein Buch so nachdenklich gestimmt wie dieses. Und das hat Gründe. Zum einen bietet es mit seinen Gedanken, Leitlinien, Inspirationen und Bildern so manches, was zum Nachdenken anregt. Vor wenigen Tagen ist es mir ähnlich gegangen wie dem italienischen Geschäftsfreund, dem das schöne Porzellan gestohlen wurde (Seite 79). Nur war es bei mir die Brieftasche – nicht nur mit allem drum und dran, sondern auch einigem drin. Wahrlich kein Grund zur Freude. Oder vielleicht doch? „Ist es nicht auch etwas 'Schönes', auf der Seite des Lebens zu stehen, wo man bestohlen werden kann?" Die Haltung, zu der ich versuchte, mich durchzuringen, fand ich auf treffliche Weise bestätigt. Vielleicht hatte der Dieb, was in der Brieftasche war, nötiger als ich. Schade nur, daß er sich vermutlich nicht so recht freuen kann. Dieb zu sein ist schließlich nicht unbedingt Grund zur Freude.

Zum zweiten wird man, – wüßte man es nicht schon anderswoher – je länger man liest, desto deutlicher inne: Der dieses Buch erdachte und schließlich zu Papier brachte, lebt, was er schreibt. Das Buch bietet nicht nur Belehrung. Es ist auch Bekenntnis.

Endlich und zum dritten hat mich der Buchtitel am meisten zum Nachdenken gebracht:

„Freude ist die vollendetste Form der Dankbarkeit". Das kurze Sätzlein ist schnell gesagt und geschrieben. Doch dahinter verbirgt sich viel. Was denn?

Da geht es zuerst um *Dank und Dankbarkeit*. – Jeder Dank ist zunächst mit einer Voraussetzung verbunden. Sie liegt in der Einsicht, daß ich etwas verdanke. *Verdanken* aber heißt: Ich habe etwas für mich Erfreuliches von einem anderen empfangen, worauf ich keinen Anspruch hatte, so daß der andere es mir nicht geschuldetermaßen, sondern freiwillig gab. Dieses Erfreuliche, das der andere mir freiwillig zuteil werden läßt, nennen wir *Geschenk*.

Derart setzt der Dank ein Geschenk voraus. Nur ein Geschenk kann man verdanken; ein Geschenk kann man nur verdanken.

Halten wir fest: Der andere gibt mir (1), was mich freut, (2) worauf ich aber keinen Anspruch habe und (3) was ich darum als Geschenk erfahre. Es genügt nicht, daß ich etwas als Geschenk erhalte. Denn das heißt lediglich, daß ein anderer mir ein Geschenk macht. Er ist es, der mir etwas schenken will. Von seiner Seite her sieht es aus wie ein Geschenk. Entscheidend aber ist, ob es auch bei mir als Geschenk ankommt, ob es also ein Geschenk nicht nur von ihm her und für ihn selbst, sondern auch für mich ist. Ich muß daher ein Geschenk nicht bloß erhalten;

9

ich selber muß es als Geschenk empfinden und erfahren. Kurz: Der Dank setzt die Erfahrung des Beschenktwordenseins voraus.

Unter dieser Voraussetzung ist der Dank selbst die gegenüber dem Spender geäußerte Anerkennung, daß er mir freiwillig etwas für mich Erfreuliches gegeben hat.

Im Gegensatz zum Dank (als der hier und jetzt geäußerten Anerkennung) wäre Dankbarkeit die innere bleibende Anerkennung für ein einem zuteil gewordenes Geschenk. Wer nicht bloß dankt, sondern dankbar ist, weiß, was alles er wem verdankt und daß im letzten alles verdanktes Leben ist. Begreiflich darum, daß das Wort Dank sprachlich nicht nur mit dem Denken, sondern auch mit Andacht verwandt ist.

Die Überschrift redet nicht nur von der Dankbarkeit. Es geht ihr um die *vollendetste Form* der Dankbarkeit. So rechnet die Überschrift offenbar damit, daß es verschiedene Formen der Dankbarkeit gibt und daß die einen weniger vollkommen sind als die anderen. Wie ist das zu verstehen?

In der Tat, wenn Dank die geäußerte Anerkennung ist, dann gibt es verschiedene Formen, diese Anerkennung zu äußern. Da ist der Dankesbrief und da der Händedruck, mit dem man sich bedankt. Zu denken gibt hier die russische Geschichte von I. S. Turgenjew (vgl. Seite 135), daß Dankbarkeit und Wohltätigkeit zwei Schwestern sind, die sich gar nicht kennen. Diese Geschichte läßt sich doppelt verstehen.

Da hat man jemandem großzügig eine Wohltat erwiesen; und er dankt einem nicht einmal dafür. „Undank ist der Welt Lohn", denkt man enttäuscht und fragt sich, ob sich Wohltätigkeit wirklich lohne. Fast scheint: Je wohltätiger einer ist, desto weniger wird ihm gedankt. Also sind Wohltätigkeit und Dankbarkeit zwei Tugenden, die sich nicht kennen. Diese Deutung ist keineswegs falsch. Aber sie scheint mir noch oberflächlich zu sein. Denken wir daher weiterhin nach.

Ein bekanntes Sprichwort heißt: „Lieber ein Onkel, der etwas bringt, als eine Tante, die Klavier spielt." Wir kennen die Geschichte aus den Kindertagen. Der Onkel hat uns ein Geschenk gebracht. Gleich ist die Mutter gekommen und sagte: „Was mußt du jetzt sagen?" Wir streckten dem Onkel die Hand hin. „Nein, welches Händchen mußt du jetzt geben. Gib die schöne Hand." Wir mußten danken.

Ähnlich ist es bei der Wohltätigkeit. Dem Wohltäter gegenüber steht man in Dankesschuld. Man schuldet ihm Dank und Dankbarkeit. Wird uns damit nicht deutlich: Wer

— aus Pflicht und Schuldigkeit — danken muß, kann nicht recht danken.

Gewiß muß man zu Dank und Dankbarkeit auch erzogen werden. Hier wird die Haltung der Mutter wohl nicht ganz falsch sein. Aber dieser anerzogene Dank und die wohlanständige Dankbarkeit gegenüber dem Wohltäter ist noch nicht die vollendete Form der Dankbarkeit.

Das scheint mir der tiefere Sinn unserer Geschichte zu sein. Die vollendete Form der Dankbarkeit kann gar nicht die Schwester der Wohltätigkeit sein, und zwar deswegen nicht, weil die Wohltätigkeit nicht die vollendete Form des Schenkens ist. Die vollendete Form des Dankens setzt nämlich die vollendete Form des Schenkens voraus.

Es gibt also verschiedene Formen von Dank und Dankbarkeit. Unsere Überschrift sagt: Eine Form ist die vollendete; und diese Form besteht in der Freude. Wie läßt sich das erklären? Beginnen wir mit der Einsicht: Die vollendete Form der Dankbarkeit setzt die vollendete Form des Schenkens voraus.

Fangen wir bei dem an, der in vollendeter Weise *schenken* will. So seltsam es klingt, so ist es doch wahr: Wer vollendet schenkt, schenkt in erster Linie, weil ihm das Schenken selber Freude bereitet. Es ist schön, schenken zu dürfen. Es ist schön, daß man so viel besitzt, daß man anderen davon mitteilen kann. Deswegen schenkt der Schenkende nicht in erster Linie, um den andern eine Wohltat zu erweisen, sondern um seinen Reichtum zu verschenken und dadurch sich selbst eine Freude zu bereiten. Wer wirklich schenkt, beschenkt sich selbst. Er schenkt sich Freude.

Dies hat eine Folge: Weil er in erster Linie seinetwegen schenkt (und nicht des andern wegen), erhebt er den Beschenkten gegenüber auch gar keinen Anspruch auf Dank und Dankbarkeit. Die Freude, die er sich durch das Schenken selber geschenkt hat, ist ihm der erste Dank. Eigentlich genügt er ihm. Wenn er zusätzlich sieht, daß sich der Beschenkte auch freut, weil er das Gegebene wirklich als Geschenk erfährt, ist ihm des andern Freude ein zusätzlicher Dank; und die Freude des andern dankt ihm übergenug.

Derart ist es von der Seite des Schenkenden her wahr: Freude ist die vollendetste Form der Dankbarkeit. Und diese Freude ist erstens die Freude über das eigene Schenken und zweitens die Freude über die Freude des andern.

Doch sehen wir nun den *Beschenkten* an. Wer sich auf vollendete Weise beschenkt erfährt, möchte auch vollendet danken. Wer vollendet dankt, dankt in erster Linie ebennicht für die erwiesene Wohltat, sondern für die dadurch geschenkte Freude. Darum dankt er in Freude, mit Freude und durch Freude.

Weil er nicht danken muß (der andere will ihn ja nicht zum Dank verpflichten), kann er danken. Dieses Dankenkönnen ist für ihn ein Dankendürfen und damit auch eine Freude.

Er hat sich beschenkt erfahren. Dadurch erfährt er Freude. Jetzt hat auch er das Bedürfnis, den andern ein Geschenk zu machen. Durch dieses Geschenk möchte er seine Freude weiterschenken. Dies geschieht im Dank. Der Dank der Freude und die Freude des Dankens ist wirklich ein Geschenk. Denn dieser Dank muß nicht pflichtgemäß geleistet, sondern darf und soll freiwillig erwiesen werden.

Durch all diese Überlegungen sind wir hoffentlich dem Sinn unseres Wortes „Freude ist die vollendetste Form der Dankbarkeit" ein wenig näher gekommen. Nun können wir − zusammenfassend − sagen:

Wer wirklich schenkt, erhebt keinen Anspruch auf Dank. Dadurch macht er den Dank als Geschenk möglich.

So ist dem wahrhaft *Schenkenden* an der doppelten Freude genug, daß er einerseits genug besitzt, um sich die Freude des Schenkens leisten zu können, daß anderseits der andere sich über das Geschenk freut, nicht zuletzt deswegen, weil er jetzt nicht pflichtschuldig und untertänig einem Wohltäter danken muß. Aber gerade, weil er keinen Dank fordert und keine Dankbarkeit verlangt, nimmt der Schenkende nun seinerseits die Freude des *Beschenkten* und dessen Freude des freiwillig und herzlich erwiesenen Dankes dankbar und gerne entgegen.

Kurz: Die Gabe ist ein Geschenk. Der Dank ist ein Geschenk. Die *Gabe* ist Grund der Freude für den Gebenden wie für jenen, der empfängt. Nicht weniger ist der *Dank* Grund der Freude und wiederum sowohl für den, der danken darf, wie auch für jenen, der den Dank empfängt. In dieser wechselseitigen Freude finden Dank und Dankbarkeit ihre Vollendung.

Das tönt nun freilich reichlich kompliziert. Das hat man davon, wenn man zum Nachdenken angeregt wird. Vielleicht habe ich auch den einen oder anderen davon abgeschreckt, weiterzulesen. Ich darf Sie ermuntern. Alles, was nun kommt, ist weniger kompliziert und viel verständlicher. Aber ich bin sicher, gerade darum wird es auch Sie zum Nachdenken anregen und zur Freude und Dankbarkeit ermutigen. Für diese Ermutigung zur freudigen Dankbarkeit können wir dem, dem wir sie verdanken, nicht herzlich genug danken.

Vorwort
von Prof. Dr. Barbara Schott

Wer hat uns je gelehrt, wie, wann und warum wir uns freuen? Und wie steht es mit dem Danken? In unserem Kulturkreis werden Freude und Dankbarkeit eher wie künstlerische Fähigkeiten gesehen: der eine besitzt mehr davon, der andere weniger! Sehr verschieden ist gerade in diesem Punkt die Einstellung der Anwender des Modells UnternehmerEnergie von Josef Schmidt: Wie erstaunt war ich über die Frage im Rahmen meiner ersten monatlichen Zeitplanung: „Wem werde ich welche Freude bereiten?" Ebenso neu war für mich die Frage „Wem werde ich danken?" Wie viele andere Anhänger der Schmidtschen Modelle weiß ich seit meinen ersten Gehversuchen in meiner persönlichen und beruflichen Planung, daß Freude und Dankbarkeit über die erzielten Erfolge die Antriebsfeder für weitere Erfolge sind. Durch Josef Schmidt haben wir alle gelernt, daß der Unterschied zwischen der Kunst, das Leben zu leben und dem bloßen Älterwerden, darin liegt, sich selbst anspruchsvolle Ziele zu setzen und die Zielerreichung bewußt zu erleben und zu feiern. Nicht das Weiterhetzen zu immer höheren Zielen bringt Freude, auch nicht das Motto: „Wenn ich erst . . . . (sprich den Beruf, das Auto, den Wohlstand . . .) habe, dann habe ich Zeit zur Besinnung!"

Wünsche als „Vorboten von Fähigkeiten", so Josef Schmidt, ernstzunehmen, sie in motivierende Ziele umzusetzen, das ist die rationale Seite aller Modelle von Josef Schmidt! Die andere, die emotionale Seite ist das Innehalten und Genießen der Erfolge. Erst wenn wir uns freuen, können wir auch für unsere Erfolge dankbar sein und uns so bewußt machen, ob die gewählte Richtung für uns stimmig ist! Mißerfolge als „mißlungene Erfolge" sind Chancen, neue Erfahrungen zu machen, und es sind Chancen zu vollkommen neuen Erfolgen. Also kann man sich auch über diese Lernchancen freuen!

Diese einzigartige Sicht des Lebens, bedeutet, daß bewußtes Leben immer mit einer positiven Denkhaltung und einer tiefen Verantwortung für das eigene Handeln verbunden sind!

Daß Josef Schmidt in diesem Werk allen Interessierten seinen Erfolgskreis aus motivierenden Zielen, Freude und Dankbarkeit zugänglich macht, ist besonders verdienstvoll: Geht es doch um das Innehalten, die genaue Beobachtung der Gründe für Erfolge und Mißerfolge und das Ziehen von Konsequenzen aus der Zielerreichungskontrolle. Allzu oft sind gerade diejenigen, die bewußt mit ihrer Zeit umzugehen vermeinen, weniger genau in ihrer Erfolgskontrolle. Es geht um die Freude über das Erreichte, bzw. über Hinweise, mit welchen neuen Fähigkeiten in Zukunft Erfolge statt Mißerfolgen erzielt werden können, es geht um die Freude als „die vollendetste Form der Dankbarkeit".

Allen Lesern dieses Werkes wünsche ich, daß sie durch die vielfältigen Inspirationen, durch die ehrlichen und unkonventionellen Fragen, durch die vielen Beispiele und die Zitate Wege finden zu mehr Freude und zu mehr Dankbarkeit in ihrem persönlichen und ihrem beruflichen Leben!

Vorwort des Autors

„Freude ist die vollendetste Form der Dankbarkeit"; ist das ein guter Buchtitel, habe ich mich gefragt. Stimmt diese Aussage überhaupt? Alle Freunde, Mitarbeiter und Bekannte, denen ich von diesem Titel erzählte, haben kurz nachgedacht und mir dann bestätigt, daß dies stimmt.

Genau das wollte ich erreichen: nachzudenken und erst dann zu entscheiden. Oft gibt es reißerische Buchtitel mit Schlagworten, die dem Inhalt eigentlich nicht entsprechen. Durch dieses Buch soll sich jedoch das Thema „Freude ist die vollendetste Form der Dankbarkeit" wie ein roter Faden ziehen, um aufzuzeigen, daß die Aussage im Titel auch wirklich stimmt.

Eigentlich ist es ganz einfach und verständlich. Freut sich der gute, geistig gesunde Mensch über etwas, was nicht gut, schön und liebenswert ist? Und sollte man nicht für Gutes, Schönes und Liebenswertes dankbar sein? Ist man aber dankbar, freut man sich über sich selbst und auch über andere. Es würde das Leben sehr abstumpfen, wenn man Gutes, Schönes und Liebenswertes nicht genießen und sich nicht darüber freuen würde. Wer nicht genießt, wird selbst ungenießbar.

Diese wunderschöne Wechselwirkung von

Freude und Dankbarkeit führt zu einem Erfolgskreis. Ich freue mich über etwas, bin somit in guter Stimmung und motiviert, neue, weitere Erfolge zu verursachen, über die ich mich wiederum freuen kann. Anders ausgedrückt: ich bin dankbar für die Freude, die mir zuteil wurde oder die ich verursacht habe.

Weil ich viel Freude erleben durfte, will ich darüber schreiben – mit dem Ziel, mehr Freude zu erzeugen.

Wohl kaum jemand stellt sich in seiner Lebenszielsetzung oder in seinen Berufsvorstellungen die Frage, ob er eventuell Buchautor werden will. Zumindest war das in meiner Generation nicht der Fall. Viel häufiger ist es so, daß man einen Beruf ergreift und feststellt, ob man begabt und erfolgreich oder weniger erfolgreich ist. Aus diesen Feststellungen zieht man dann Konsequenzen. Ideal ist es, Gutes zu verwerten und weniger Gutes oder Schlechtes zu verändern, also aus jedem Problem einen Lernprozeß entstehen zu lassen. Solche Lernprozesse führen häufig zu außergewöhnlichen Erfolgen. Oft führen sie auch zu dem Wunsch, diese Vorgehensweise anderen in Form eines Buches mitzuteilen. So entstanden bei mir Lehrwerke, Seminare und Bücher.

Aber auch Zufälle spielen im Leben eine Rolle. Natürlich beschäftigt sich jeder

Mensch – der eine mehr, der andere weniger – mit dem Begriff und dem Bereich des Erfolgs. Viele Definitionen habe ich gelesen und mir auch selbst erarbeitet. Je jünger man ist, desto häufiger bringt man Erfolg nur mit Reichtum in Verbindung. So war es auch bei mir. Leider fand ich keine Definition, die mir so richtig zusagte. Nicht zuletzt deshalb habe ich sehr viel darüber gelesen. Immer wieder tauchten Klischees und Vorstellungen von Reichtum, von Filmstars, von Villen, von Yachten usw. auf, die auch mich faszinierten. Je mehr aber meine materiellen Bedürfnisse befriedigt waren – und sie wurden nie durch die Zielsetzung, Gewinne zu machen, sondern durch die Ergebnisse aus meinen beruflichen Zielen erreicht – desto weniger reichten mir diese materiellen Erfolge allein als Erfolg aus. So suchte ich weiter.

In mehr als dreißigjähriger aktiver Mitgliedschaft in Chören und Gesangvereinen lernte ich viele schöne Lieder und Texte kennen. Immer waren sie Bereicherung für mein Leben.

Eines Tages lernte ich im Gesangverein Waldershof ein altes slowenisches Volkslied kennen, dessen Grundaussage mir gefiel. Beim ersten Auseinandersetzen mit diesem Text wußte ich noch nicht genau, ob er auch heute noch Sinn hat. Je häufiger ich jedoch dieses Lied mit meinen Sangesfreunden gesungen habe, desto stärker hat es mich fasziniert.

Heute gibt es kaum ein Buch, ein Lehrwerk oder einen Vortrag, in dem ich diesen Text nicht zitiere. Er lautet: „Freude am Leben heißt Freude sich geben. Wer Freude verschenkt, ist in Wirklichkeit reich."

Die genaue Definition und das Analysieren dieses Textes möchte ich Ihnen überlassen. Beschäftigen Sie sich gründlich damit. Dieser Satz wird dann sicher auch bei Ihnen Denkprozesse auslösen.

Beeindruckend für mich ist, daß die Aussage aus diesem slowenischen Volkslied besonders junge Menschen, z. B. bei Vorträgen an Hochschulen und in Seminaren, positiv angesprochen hat. Dies zeigt, daß der Wertewandel von meiner Jugendzeit zu der Jugend von heute – und diese Feststellung war für mich ebenfalls Freude – auch ein positiver Wertewandel ist.

Ob dies auch ein Grund war, dieses Buch zu schreiben, kann ich nicht genau sagen. Sicher hat auch meine Auseinandersetzung mit Epikur, dem Philosophen der Freude, eine Rolle gespielt.

Ein weiterer Auslöser war für mich eine Aussage aus 'Dichtung und Wahrheit' von

Johann Wolfgang von Goethe. Sie lautet: „Unsere Wünsche sind Vorgefühle der Fähigkeiten, die in uns liegen, die Vorboten desjenigen, was wir zu leisten imstande sein werden. Was wir können und möchten, stellt sich in unserer Einbildungskraft außer uns auch in der Zukunft dar. Wir fühlen eine Sehnsucht nach dem, was wir im stillen schon besitzen."

Eine Aussage, die nicht leicht für einen Menschen zu verstehen war, der im 2. Weltkrieg und in der Nachkriegszeit aufgewachsen ist. Wer hat da nach Wünschen gefragt? Ja, wer konnte da nach Wünschen fragen?

Schon sehr bald konnte ich feststellen, daß diese Aussage von Goethe auch bei mir zutraf. Natürlich habe ich mich seither mit diesem Thema beschäftigt und ständig Bestätigungen dafür bekommen.

Manchmal kam es mir so vor, als ob viele Menschen, mit denen ich zu tun hatte, mir recht geben wollten oder mußten, daß das, was ich über die Freude zu sagen pflege, richtig sei, und mir deshalb ihre Geschichten erzählten.

Dadurch wurde ich natürlich stark sensibilisiert, und es kam immer wieder der Gedanke auf, darüber auch zu schreiben.

Nachfolgendes hat aber nur bedingt mit der

reinen Freude zu tun, eher damit, wie Freude bei weniger Gutem und weniger Schönem durch die Kunst des Verwertens zur wirklichen Freude wird, denn auch in diesem Bereich gilt: Hindernisse und Probleme sind oft die Grundlagen für Erfolg und Freude. Man kann Probleme bedauern und bejammern. Jammern ist aber Ausdruck von Unfähigkeit. Man kann Probleme auch verwerten und Stärken und Vorteile daraus machen; das ist dann ein ganz besonderer Grund zur Freude.

Ich wünsche Ihnen beim Lesen dieses Buches viele Denkanstöße, die zu echter Freude führen.

Josef Schmidt

Einleitung

Freude ist nicht etwas Alleinstehendes, das zufällig kommt und geht. Freude ist Teil eines Ganzen.

Was ist aber mit dem Ganzen gemeint? Im weitesten Sinne sind damit alle Bereiche unseres Lebens gemeint, also der private Bereich: Familie, Gesundheit; der berufliche Bereich: Erfolg, Ansehen; und eben alle Bereiche, die uns im Leben umgeben.

Zu unserem Ganzen gehören aber auch unsere Sorgen, Nöte und Ängste. Und es gehören die Liebe und das Vertrauen dazu, die Freude und die Dankbarkeit.

So darf ein Themenbereich, der mit Freude bezeichnet wird, nicht nur beschreiben, was Freude ist, sondern auch, wie Freude vergeht, wie sie wiedergewonnen werden kann, um so zum echten Gewinn zu werden.

Wer glaubt, nach dem Lesen dieses Buches in den Dauerzustand der Freude zu kommen, wird enttäuscht werden.

Wer Freude kennenlernen will, muß auch wissen, was das Gegenteil von Freude ist. Würden wir nur noch in Freude leben, wüßten wir womöglich gar nicht, daß dies Freude ist. In Freude zu leben, ohne zu wissen, daß es Freude ist, bedeutet keine Freude zu haben. So ist es nur natürlich, auch das Gegenteil von Freude zu kennen.

Freude ist – wie alles im Leben, das wir empfinden können – dem Gesetz der Polarität ausgesetzt. Nur weil wir wissen, daß es eine Nacht gibt, können wir den Tag und die Helligkeit als solche empfinden. Gäbe es keine Dunkelheit, wüßten wir nicht, was Helligkeit ist. So ist es auch mit der Freude. Die Polarität zur Freude kann sein: das Leid, die Angst, die Furcht, vor allem aber die Lieblosigkeit. Darum wird in diesem Buch auch das Gegenteil von Freude als ein wichtiges Element beschrieben. Denn wer glaubt, dem Problem, der Schwierigkeit und dem Hindernis aus dem Weg gehen zu können, um nur in Freude zu leben, der wird die wahre, echte Freude nie kennenlernen.

In vorchristlicher Zeit wurde die Freude auch als Glückslehre mit der Ethik in Verbindung gebracht. Von der Ethik wissen wir, daß sie – in einfachster Form definiert – die Lehre vom sinnvollen Miteinander ist. Sinnvolles Miteinander beinhaltet Disziplin und auch einmal Opfer. Zum besseren Verständnis ein kleiner Beweis aus der philosophischen Ethik. Diese sagt uns, daß der Mensch Mittelpunkt seiner Welt ist. D. h. sein „Ich" ist Mittelpunkt seiner Welt. Nachdem dies für jeden Menschen gilt, hat jeder Mensch zu

beachten, daß somit sein Mitmensch ebenfalls Mittelpunkt 'seiner' Welt ist. Deshalb
muß das Streben, Mittelpunkt seiner Welt
zu sein, auch berücksichtigen, daß der
Mitmensch dies auch erreichen kann. Zumindest darf er ihn dabei nicht in unred-
licher Weise behindern. In Gegenteil: ihm
dabei zu dienen, läßt ihn zum Verdienen
kommen.

Daß es dabei ebenfalls um Opfer, ja, auch
um Disziplin geht, ist verständlich. Wer dies
nicht beachtet, verstößt gegen die Ethik und
wird nie zur echten Freude durch Disziplin
kommen.

Der Vergleich mit den Tieren sei hier einmal
gestattet. Auch das Tier muß Mittelpunkt
seiner Welt sein, unterscheidet sich aber
zum Menschen in der Weise, daß für das
Tier alles um sich herum Umwelt oder Umfeld ist.

Die Spezies Mensch kann aber denken und
sein Handeln danach einrichten.

Wenn ich Freude einmal als vollkommenen
Glückszustand bezeichne, so ist dies etwas
Großes, das man eben nicht durch Egozen-
trik, durch kleine Tricks oder durch Benach-
teiligung anderer erreichen kann.

Freude ist die Summe aller erfolgreichen

Handlungen, zum Wohle unserer Mitmenschen und somit für uns selbst tun.

Wenn daraus dann materieller Erfolg entsteht, so ist das auch noch eine sinnvolle Be-
stätigung, im Wechselkreis des Gebens und
Nehmens zu leben. Daß dies erfolgreiche
Manager nicht nur wissen, sondern auch
praktizieren, zeigt eine Aussage von Lee
Iaccoca, der sagt: „Du brauchst eigentlich
nichts anderes tun als zu geben, immer nur
geben. Du kannst nicht verhindern, daß es
zurückkommt."

Ist das etwa neu? Sicher nicht.

Ein Christuswort sagt: „Geben ist seliger
denn nehmen." Auch diese Seligkeit wird
Freude genannt. Die vollendete Form der
Freude und somit Ethik ist aber, dafür
Sorge zu tragen, daß auch andere diese Seligkeit erreichen und auch geben können.
Doch wird man dieses große Ziel nicht erreichen, indem man anderen immer nur
hilft. Denn wer hilft, wo fördern reicht,
schädigt auch. Dies bedeutet nichts anderes, als daß auch der Geförderte anerken-
nen muß, daß er durch Anständigkeit, Disziplin, Leistung und, wenn er es richtig
sieht, auch durch Opfer Großes und somit
Freude erreicht.

Viele Menschen verwechseln es mit Freude,
sich Dinge zu leisten, die sie sich eigentlich

noch nicht leisten können; im Gegenteil, sie sind oft gar nicht bereit, dafür besondere Leistungen zu erbringen. Das bedeutet, daß sich Menschen schon vor der Leistung belohnen. Dies wirkt in der Regel in umgekehrter Form, wie Freude wirken sollte. Es führt eher zu Leid.

Nachfolgende Kapitel sollen viele Denkanstöße zur Freude geben.

1. Kapitel

Freude in Wechselwirkung zum Leid

Freud und Leid — woher kommen sie? Vor allem, woher kommt das Leid? Kommt das Leid womöglich von Gott? Straft uns Gott wegen schlechter Taten, die wir einmal vollbracht haben? Führt ein persönlicher Engel im Himmel Buch über unsere unguten Taten oder unsere Versäumnisse und straft uns deshalb dafür? Damit wurde uns schon im Kindergarten Angst gemacht.

Mehr oder weniger hat man das auch geglaubt. Eine echte Aufklärung wären uns unsere Erzieher, Eltern, Lehrer, Pfarrer schuldig gewesen.

Mich jedenfalls hat diese Frage 30 Jahre meines Lebens bewegt. Alle Bücher und Schriften, die ich gelesen habe, konnten mir keine Antwort darauf geben. Die Frage blieb. Gerade Fragen, die in sensiblen Phasen eines Menschen entstehen, sind oft prägend und — wenn sie nicht beantwortet werden — ein enormes Hemmnis im Leben. So quälten mich Fragen wie: Habe ich etwas falsch gemacht? Muß ich ein schlechtes Gewissen haben? Wird mich Gott dafür strafen? War dieses unschöne Erlebnis vielleicht schon eine Strafe Gottes? War dieser oder jener Mißerfolg eine Strafe Gottes? Werde ich noch mehr solcher Strafen befürchten müssen? Was ich gemacht habe, glaubte ich, war doch richtig. Aber was ist richtig und gut? Was ist falsch und böse? Wer gibt mir einen Maßstab? Gibt es keine Freude mehr?

Das sind Ängste, die nur schwer zu ertragen sind. Immer wieder hörte ich vom liebenden Gott, stellte mir aber gleichzeitig die Frage: straft Gott?

Heute kann ich aus tiefster Überzeugung sagen — und diese Erkenntnis hat mein Leben grundlegend geändert und reicher gemacht — Gott straft nicht.

Seit ich das weiß, suche ich für die Fehler, die ich mache und gemacht habe, weder beim lieben Gott noch bei anderen Menschen die Schuld, sondern schlicht und einfach bei mir. Denn bei mir habe ich auch die größte Chance, zu ändern, zu verbessern, aus Problemen und Schwierigkeiten Lernprozesse entstehen zu lassen.

Sicher ist es interessant, wie diese Veränderung entstanden ist. Vorweg muß aber gesagt werden, daß nur der Suchende solche gravierenden Veränderungen erfahren darf. Ich meine, solche Antworten kommen dann von Gott.

1978 war in einer bedeutenden deutschen Wirtschaftszeitung ein Seminar ausgeschrieben, sinngemäß mit dem Titel: „Machiavelli und die Macht im Unternehmen". Schon einiges hatte ich über Machiavelli gelesen oder gehört, nur, wie nicht anders zu erwarten, sehr Widersprüchliches. Große Politiker der Nachkriegszeit aus unterschiedlichen politischen Lagern nannten sich gegenseitig Machiavellisten oder warfen sich vor, zu viel Machiavelli gelesen zu haben. Wahrscheinlich hatten sie alle nicht gründlich gelesen.

Machiavelli war kein Machtmensch, sondern beschrieb sehr gründlich, welche Wirkungen Machtmißbrauch hat. Macht, negativ eingesetzt, beschrieb er genauso wie positive Macht, nicht eingesetzt, und bezeichnete letzteres ebenfalls als Machtmißbrauch.

Friedrich der Große schrieb ein Buch mit der Bezeichnung „Antimachiavelli" und in der Mitte seines Lebens Teil 2 dazu mit dem Titel „Und er hatte doch recht". Ein hochbrisantes Thema, das ich mir nicht entgehen lassen wollte.

Das Seminar fand in Florenz statt und hat meine Erwartungshaltung weit übertroffen, aber auch meinen Horizont erweitert, nicht zuletzt auch durch die beiden hochqualifizierten Referenten. Beide waren Schweizer, und noch heute, nach 14 Jahren, pflegen wir eine sehr gute Beziehung. Es waren die Referenten Prof. Dr. Pater Albert Ziegler, ein Jesuitenpater, und der Schweizer Manager C. P. Seibt.

Das eigentlich große Erlebnis, von dem ich berichten will, war am letzten Abend, als wir zu viert zum Abendessen in einem kleinen Florentiner Spezialitätenrestaurant saßen. Für mich war dies wieder einmal eine gute Gelegenheit, meine drängende Frage zu stellen: „Straft Gott?" Dies umso mehr, als ich wußte, mit Pater Ziegler einen kompetenten Gesprächspartner zu haben. Ich stellte ihm also die Frage: „Lieber Pater Ziegler, sagen Sie mir, straft Gott?" Darauf lehnte er sich entspannt zurück mit den Worten: „Habe ich es mir doch gleich gedacht, daß Sie eine der schwierigsten theologischen Fragen stellen." Und nach einer kurzen Pause sagte er klar und unmißverständlich den Satz, den ich nie vergessen werde: „Nein, Gott straft nicht. Die Menschen sind es, die sich strafen."

Natürlich konnte ich diese heroische Aussage nicht ungeprüft sofort verstehen und übernehmen. Ich begann nachzudenken und hatte schon nach kurzer Zeit Beispiele über Beispiele und zwar alle aus meinem Leben, wo es schlicht und einfach so war, daß alles, was schiefgelaufen war und was nach Strafe Gottes aussehen konnte, von mir selbst irgendwie verursacht worden war.

Ursachen

Voll Begeisterung versuchte ich nun, allen Freunden und Bekannten meine neuesten Erkenntnisse mitzuteilen und selbst wie ein

Missionar zu erläutern, daß wir es sind, die sich selbst strafen. Nur wollten dies die wenigsten wissen. Es fällt ja nicht leicht, bei sich zu beginnen. Denn die Schuld bei sich zu suchen, ist doch etwas ganz Albernes, klingt nach Selbstanklage, Selbstverurteilung und vielem mehr. Nein, das machen Dumme oder Schwache. Menschen suchen viel eher, und dies ganz besonders liebevoll, nach Schuld – und zwar bei anderen. Das einfachste jedoch ist, die Schuld beim lieben Gott zu suchen. Er widerspricht ja nicht, zumindest nicht direkt.

Auch diese Argumente müssen verarbeitet werden. Tatsache ist, daß, die Schuld bei sich zu suchen, vordergründig Leid und nicht Freude erzeugt.

Ursachen und Wirkungen

Sehen wir uns einige Beispiele an, die nach Strafe Gottes aussehen mögen.

Gesundheit:

Ob es jemand gibt, der weiß, wie viele Krankheiten es gibt? Ich vermute, es gibt keinen – schon allein deshalb, weil die Zahl der Krankheiten, zumindest die Erkenntnis darüber, ständig zunimmt. Aber wir wissen, daß es nur eine Gesundheit gibt. Für diese eine Gesundheit etwas zu tun, ist wesentlich

leichter als gegen eine, zwei oder dreitausend Krankheiten etwas zu unternehmen.
Gesundheit ist etwas Wunderschönes. Scho-
penhauer hat das so ausgedrückt: „Neun
Zehntel unseres Glücks allein beruhen auf
unserer Gesundheit." Eine gewaltige Aussage. Diese Aussage wurde auch in unserer
neueren Zeit bestätigt. Eine repräsentative
Umfrage der B. A. T. von 1987 hat bestätigt,
daß bei allen befragten Menschen mit gro-
ßem Abstand die Gesundheit in ihrem Lebensziel an erster Stelle steht. Der Mensch
sagt also: „Meine Gesundheit ist mir am
meisten wert." Ein großer Teil der Bevölke-
rung greift aber gleichzeitig in die Tasche,
um nach der Zigarettenschachtel zu suchen.
Gesund sein wollen und für diese Gesundheit etwas tun, klafft noch weit auseinander.
Am liebsten würde man sich Gesundheit
kaufen, doch das geht nur bedingt.

Bei allen nachfolgenden Beispielen möchte
ich nicht so verstanden werden, daß ich etwas gegen Genußmittel einschließlich des
Tabaks sagen möchte oder gar deren Ab-
schaffung für richtig oder notwendig halte.
Nein, aber eine der elementarsten Ursachen
für Freude ist die Überwindung der eigenen
Schwächen. So sind alle nachfolgenden Bereiche Gefahren und Grundlagen für Freude
und Gesundheit zugleich. Hierin schließe
ich mich Pfarrer Kneipp an, der sagt: „In der
Dosis liegt das Gift." Das macht den Men-

37

schen eigentlich aus, daß er aus eigenen Erwägungen und nicht aus Dirigismus oder Gesetzen das Maß findet (womit jedoch nicht der Geschädigte oder bereits Kranke gemeint sein kann).

Eine kleine Geschichte aus dem Leben von Prof. Sauerbruch soll dies noch verdeutlichen. Prof. Sauerbruch hielt 1934 einen Vortrag zum Bereich 'Schädigungen durch Nikotin'. Zu diesem Vortrag war auch der Zigarettenkönig Reemtsma anwesend. Nach dem Vortrag kam es zu einem sinnvollen Gespräch zwischen den beiden Persönlichkeiten. Reemtsma verkündete Prof. Sauerbruch, daß er nun nach Hause gehen werde, um seine Zigarettenfabriken sofort zu verkaufen. Darauf Sauerbruch: „Bitte tun Sie das nicht! Damit würde sich nichts ändern. Ein anderer würde dann Millionen von Zigaretten produzieren und verkaufen." Seine Empfehlung an Reemtsma: „Versuchen Sie, Zigaretten zu produzieren, die weniger giftig sind." Das soll die Geburtsstunde der weniger giftigen, also leichteren Zigarette gewesen sein. Es stimmt also auch hier: in der Dosis liegt das Gift.

Beispiele

Alkohol:

Ein Maurer, der gewöhnlich zehn Flaschen Bier pro Tag auf der Baustelle getrunken hatte, wurde auf die Gefährlichkeit der Alkoholmenge angesprochen. Man riet ihm, doch höchstens zwei bis drei Flaschen Bier zu trinken und den Rest mit Säften oder Mineralwasser auszugleichen. Er hatte jedoch viele Ausreden, z. B.: „Was sind zehn Flaschen Bier für einen Maurer? Durch das viele Schwitzen geht das meiste wieder weg. Außerdem spielt das, auf den langen Tag verteilt, ohnehin keine Rolle. Und betrunken bin ich auch nie. Wenn ich schon so viel und so hart arbeiten muß, muß ich ja auch noch etwas vom Leben haben. Ich bin nicht bereit, dieses Opfer zu bringen."

Folge: die Menge wurde immer größer. Alkoholismus, also Krankheit trat ein. Jahrelanges schweres Leiden war die Folge, Ende mit 54 Jahren. Er war nicht bereit gewesen, kleine Opfer zu bringen und mußte somit ein sehr großes, ja das größte Opfer bringen.

Wer hat ihn gestraft? Wer hat die Familie gestraft?

Viele kleine Opfer oder Disziplin sind Ursachen der Freude, denn nicht die Scheinwelt des Alkohols, sondern gesund zu sein ist echte, wirkliche Freude. Kleine, angemessene Mengen Bier sind wohl etwas Wunderbares (dies umso mehr, als es nun Ökobier mit und ohne Alkohol gibt). Doch noch schöner ist es, dieses Wunderbare ein Leben lang zu genießen. Das ist echte Freude.

Nikotin:

Der Kettenraucher durch Sorgen oder durch vermeintliche Sorgen raucht täglich mehr. Die Bitten seiner Familie und Umgebung, doch weniger zu rauchen, lehnte dieser rundum ab. Begründung: „Wenn man so viel arbeitet und ständig mit neuen Problemen konfrontiert wird, braucht man etwas, durch das man sich abreagieren, entspannen kann." Es kam aber zu keiner Entspannung, sondern zum sogenannten Raucherbein. Nun war es höchste Zeit, das Rauchen aufzugeben. Aber immer noch nicht war er zu diesem Opfer bereit. Erste Amputation. Natürlich war jetzt der Verzicht noch schwerer – diese Sorgen – und dann noch die Schwierigkeiten des Entzugs. Er rauchte weiter. Zweite Amputation. Nun hatte es ohnehin keinen Sinn mehr. Die Sucht wurde weiterbetrieben. Rollstuhl!

Wer hat ihn gestraft? Wer hat die Familie gestraft?

Muß man erst beide Beine verlieren, um zu sehen, was sie eigentlich wert sind? Kann sich der Gesunde wirklich vorstellen, was es bedeutet, beide Beine zu verlieren? Ist der Gesunde auch froh und dankbar, beide Beine zu haben? Oder ist das kein Grund zur Freude?

Übergewicht:

Natürlich gibt es in diesem Bereich auch Krankheiten, bei denen es mir nicht zusteht, eine Beurteilung vorzunehmen. Gefährlich ist nur, eine Krankheit oder Erbanlage vorzugeben, wenn es nur um Trägheit geht. Bacchus wird hier oft zitiert. In diesem Zusammenhang würde ich lieber Adenauer zitieren, der gesagt haben soll: „Wenn es am besten schmeckt, muß man aufhören."

Eine Frau, 230 Pfund schwer, aß täglich mehrere Stück Sahnetorten und weitere Kalorienbomben. Auch hier wurde das Nichtverzichten-Wollen mit dem Satz begründet: „Man hat ohnehin nichts vom Leben auf dieser Welt". Hat man eventuell vor lauter Essen keine Zeit, Schönes, Liebenswertes und Gutes zu sehen und sieht nur noch das Essen? Ergebnis: Leberverfettung und Arthritis.

Wer hat gestraft?

Zugegeben, alle drei Beispiele können sehr schwierige Hintergründe haben. Aber eines war in allen Fällen gleich. Man war nicht bereit, kleine Opfer zu bringen, und so kamen große, sehr große Opfer.

Opfer, die Leid und schwere Krankheiten beinhalten und zwar nicht nur für jene, die

die Opfer nicht bringen wollten, sondern auch für die Angehörigen und die Umgebung. So müssen Menschen oft durch die Ursachen anderer leiden.

Oder fehlte eventuell in manchen Bereichen die Liebe und Zuwendung? Fehlte ein wenig Anerkennung, ein warmer Händedruck? Jemand, der ihnen in ihrer Problematik zuhörte, jemand, der ihnen ein wenig Mut machte, vielleicht auch jemand, der ihnen eine kleine Freude bereitete? Sind jene Menschen eventuell auf dem Abweg der Freudesuche in negative Bereiche gekommen? Hat man versäumt, kleine Verbesserungen anzuerkennen? Ist nicht all dies auch Liebe? Oder mangelnde Liebe?

Natürlich kann man das nicht pauschal beurteilen. Daß aber gerade jene, die mit solchen Problemen zu schaffen haben, mehr Liebe brauchen, ist sicher. Leider erhalten sie stattdessen mehr Vorwürfe und herbe Kritik. So trägt eben das Umfeld der Betroffenen oft ein wenig zum Problem bei.

Zum Beispiel sagt Franz Rudolf Bornewasser: „Wo wäre die Nächstenliebe notwendiger als in der Familie? Wir Menschen fallen alle leicht in den Fehler, das Mangelhafte am Mitmenschen schnell zu entdecken und dabei das Gute, das er an sich hat, zu vergessen. Dieser Fehler ist besonders gefährlich für den Frieden der Familie."

Gibt es etwas Schöneres, als einem lieben Menschen in großer Not beigestanden zu haben, wodurch Schlimmes vermieden werden konnte? Gibt es ein größeres Glücksgefühl und somit Freude?

Im CollegTiming steht im Monatsplan für den privaten Teil an Punkt 4: „Wem bereite ich eine besondere Freude?" Hier könnte als Unterüberschrift durchaus auch der Text aus dem alten slowenischen Volkslied stehen: „Freude am Leben heißt Freude sich geben. Wer Freude verschenkt, ist in Wirklichkeit reich." Wir müssen uns die Frage stellen: Wo sind sie, die vielleicht zur Zeit freudlos sind? Denn Freude zu bereiten ist eben auch eigene Freude.

Leitgedanken

1. Gerade Fragen, die in sensiblen Phasen eines Menschen entstehen, sind oft prägend und – wenn sie nicht beantwortet werden – ein enormes Hemmnis im Leben.

2. Bei mir selbst habe ich die größte Chance, zu verändern, zu verbessern, aus Problemen und Schwierigkeiten Lernprozesse entstehen zu lassen.

3. Gott straft nicht. Die Menschen sind es, die sich strafen.

4. Wir wissen, daß es nur eine Gesundheit gibt. Für diese eine Gesundheit etwas zu tun, ist wesentlich leichter als gegen eine, zwei oder dreitausend Krankheiten etwas zu unternehmen.

5. Neun Zehntel unseres Glücks allein beruhen auf unserer Gesundheit.

6. Gesund sein wollen und für diese Gesundheit etwas tun, klafft noch weit auseinander.

7. Eine der elementarsten Ursachen für Freude ist die Überwindung der eigenen Schwächen.

8. In der Dosis liegt das Gift.

9. Viele kleine Opfer oder Disziplin sind Ursachen der Freude.

10. Wo wäre die Nächstenliebe notwendiger als in der Familie?

11. Gibt es etwas Schöneres, als einem lieben Menschen in großer Not beigestanden zu haben?

12. Freude am Leben heißt Freude sich geben. Wer Freude verschenkt, ist in Wirklichkeit reich.

Inspiration

„Nutze die Gegenwart, es ist die Zeit, in der Du lebst und in der Du die Zukunft gestaltest.

Wer mit der Vergangenheit unzufrieden ist und vor der Zukunft Angst hat, ist ein Mensch, der die Gegenwart zu wenig nützt.

Die Vergangenheit kannst Du analysieren, aber nicht mehr verändern. Die Zukunft kannst Du kaum analysieren, aber sehr wohl gestalten.

Wer aus Freude am Leben und aus Erfahrungen der Vergangenheit Ziele entwickelt, die Gegenwart zur Planung und zum wirklichen Leben nützt, kann guten Mutes in die Zukunft sehen."

2. Kapitel

Ziele und Visionen

Große Probleme, wie sie im vorhergegangenen Kapitel beschrieben sind, entstehen oft, wenn kein reales Lebensziel vorhanden ist. Ist es aus dieser Sicht nicht sinnvoll, für sich selbst einmal ein wenig Zeit zu verwenden und sich einige Fragen zu stellen, z. B.:

- Welchen Sinn hat für mich das Leben?
- Welchen Sinn möchte ich meinem Leben geben?
- Wer bin ich?
- Wer bin ich für wen?
- Was erwarte ich eigentlich vom Leben?
- Welchen Ruf hätte ich gerne?
- Was tue ich dafür, daß das, was ich mir wünsche und als Ziel setze, auch eintritt?
- Wem außer mir nützen die Ziele?

Es ist sinnvoll, dafür die einfachste Form der Planung anzuwenden, die da ist:

- Was wäre, wenn . . .
- Was tue ich, daß . . .

und sich einmal die Frage zu stellen „Was hätte ich gern, daß die Menschen von mir sagen?"

In einem Vortrag vor Freunden habe ich zu diesem Thema folgendes gesagt: „Wenn ich einmal nicht mehr bin, dann hätte ich gern, daß die Menschen von mir sagen, er war ein

. . . . . ."

Das, was ich mit sechs Punkten bezeichnet habe, ist für mich Richtschnur, Maßstab und Verpflichtung zugleich. Ich trage diese Aussage ständig in meinem CollegTiming bei mir. Sie nimmt mich täglich in die Pflicht, fordert täglich von mir Opfer und auch Disziplin und bringt mir täglich viel Freude (unter Opfer verstehe ich, meine Ziele konsequent zu verfolgen, auch wenn es einmal schmerzt).

So kann ich nur empfehlen, daß sich jeder mit diesen Bereichen gründlich auseinandersetzt, damit er das Ziel findet, das ihm Freude bereitet; denn Ziele setzen unser Verhalten in Gang.

Was setzt mein Verhalten in Gang?

Die russische Autorin Ayn Rand ist 1934 nach Amerika emigriert und hat dort einen Zukunftsroman geschrieben mit dem Titel „Atlas wirft die Welt ab". Sie hat die 60er und 70er Jahre beschrieben, und wir, die Menschen, die in dieser Zeit gelebt haben, können sehr gut beurteilen, wie gut sie diesen Zukunftsroman geschrieben hat. Das Buch faßt sie zusammen, indem sie sagt: „Es gibt im Leben nur zwei Sünden: zu wünschen, ohne zu handeln oder zu handeln ohne Ziel." Wenn man hier von Sünde spricht, sollte man die lutherische Übersetzung dafür verwenden. Sie lautet: „Sünde ist Zielverfehlung".

Viele Menschen wünschen, sind aber nicht bereit zu handeln. Noch mehr Menschen handeln, jedoch ohne Ziel. Das ist einer der Gründe, daß sehr häufig statt Erfolg operative Hektik entsteht und weit mehr Aufwand als gut und notwendig.

Warum erstellen sich so wenige Menschen konkrete Lebensziele? Haben sie Angst, sie nicht zu erreichen? Haben sie die Befürchtung, sich zu sehr in die Pflicht zu nehmen oder gar Angst vor Opfern und Disziplin?

Hermann Josef Abs hat in einem Interview in einer bedeutenden deutschen Wirtschaftszeitung folgendes gesagt: „Wer nicht kämpfen will, muß gehen". Gemeint waren damit Menschen und Führungskräfte aus der Wirtschaft. Läßt sich das nicht auch in das tägliche Leben übertragen? Nicht gegen, sondern für etwas zu kämpfen, für ein schönes, verlockendes Ziel?

Durch Ziele entsteht Konzentration, und somit wird die vorhandene persönliche Energie wirksam. Energie für etwas, das wir als Lebensziel bezeichnen, verleiht die notwendige Stoßkraft, um das Ziel oder die Ziele auch zu erreichen.

Wie entstehen Ziele?

Die Antwort darauf könnte lauten: durch

positive Gedanken — wie aber kommt man dazu?

In Sonntagspredigten hört man gelegentlich — genau wie von Geisteswissenschaftlern — „der Mensch ist von Natur aus böse und schlecht."

Das würde ja bedeuten, daß der Mensch von Natur aus negativ denkt. Ich kann dies weder bestreiten noch bestätigen. Könnte es aber nicht sein, daß es auch hier Unterschiede gibt?

Könnte es nicht auch an Erbanlagen, an Kindheitserlebnissen, auch an Prägungen liegen?

Prägungen entstehen auch oder ganz besonders in sensiblen Phasen des Lebens eines Menschen. Liegt es daran, daß wir somit von Menschen beeinträchtigt werden, oder würden die Menschen, die während der sensiblen Phasen in unserem Leben um uns und mit uns waren — und zwar ohne Wertung, ob gut oder böse — sehr stark Einfluß auf unser Leben nehmen? Könnte man deshalb davon ausgehen, daß ja eigentlich alles vorgegeben ist?

Die einen hatten also Glück und hatten in sensiblen Phasen, in denen Prägungen entstanden sind, gute Beispiele und Vorbilder und wurden dadurch zum Positiv-Denker.

Andere hatten Negativbeispiele um sich und denken, handeln und bewegen sich dadurch negativ.

Das mag sicher eine Rolle spielen, besonders für jene, die nie aus diesem Negativkreis herauskamen oder sich befreien konnten. Was im Negativkreis oft fehlt, ist auch oder ganz besonders die Liebe der Menschen im Umfeld. Man sollte nie vergessen, daß sich jeder Mensch danach sehnt, geliebt, geschätzt und geachtet zu werden. Wer dies nicht bekommt, hat es schwer, aus diesem Kreis herauszukommen. Wo Liebe, Güte und Wohlwollen vorhanden sind, hat man es leicht, aus einem Negativkreis auszubrechen.

Ich bin ganz fest davon überzeugt, daß in jedem Menschen das Gute stark vorhanden ist, denn sonst gäbe es nicht immer wieder große und großartige Persönlichkeiten, die auch viel Negatives in ihren sensiblen Lebensphasen erlebt haben. Aber auch umgekehrt, eventuell sogar noch häufiger, als es im positiven Bereich vorkommt, gibt es Beispiele, bei denen Menschen durch schlimme Verführungen geradezu gefährdet werden, bis hin zum Tod durch Selbstmord.

Eine großartige Schauspielerin und zugleich äußerst liebenswürdige und starke Persönlichkeit − würde ich hier den Namen nennen, gäben Sie mir sicher recht − hat ein großes Unglück zu beklagen. Ihre Tochter ging in den Freitod. Natürlich wußten jene Menschen, die immer alles ganz genau wissen, sofort, daß dies nur an der Mutter gelegen haben konnte. So wurde behauptet, sie, die Mutter, hätte sich in Ruhm und Anerkennung gesonnt und ihrer Tochter weder Liebe noch genügend Zeit gegeben.

Es versteht sich von selbst, daß eine berühmte und gefragte Schauspielerin viel Zeit für ihren Beruf braucht. Die Persönlichkeit, um die es hier geht, hat sehr viel für ihre Tochter getan, vor allem konnte sie ihr Liebe und Geborgenheit geben. Sie hat aber auch ihr Kind auf das Leben so vorbereitet, wie es ist; nämlich, daß man das Leben meistern muß, auch ohne die Mutter ständig am Rockzipfel zu fassen.

In einer Zeitschrift schrieb ein, wie ich meine, guter Journalist folgendes: „Verehrte Frau . . ., ich las in einem Interview, daß Ihre Tochter den Pop-Star . . . sehr bewundert hat. Sie habe, sagten Sie, seitdem 'so komische Sachen gemacht', ihre Schulbücher verbrannt, ihre Kleider weggeworfen, kaum noch gegessen, nichts mehr getrunken. Sie erinnern sich vielleicht, daß der Kultsänger vor Jahren der kleine Gott der Drogensüchtigen vom Bahnhof Zoo war. Die berühmteste Abhängige, Christiane F., betete ihn an, und für manche, die an der

Nadel hingen, war seine Stimme das letzte, das sie hörten, ehe sie starben.

Auch für Ihre Tochter war in den letzten Tagen ihres Lebens . . . der Prophet, dessen Botschaften ihr aber nicht halfen, sondern sie eher verwirrten. Einen Ausweg aus ihren Problemen zeigte er ihr nicht. Ich habe mir, nachdem ich gelesen hatte, wieviel der Sänger Ihrer Tochter bedeutete, seine neueste LP angehört, und dachte über die Texte nach, die auf so viele junge Menschen wie eine Droge wirkten: 'Sie erzählen dir immer noch, daß es Platz für dich da oben in der Gesellschaft gibt. Aber du mußt erst lernen, beim Töten zu lächeln. Wenn du so sein willst wie die da oben.'

Dann dies: 'Der Alltag ist weit weg. Alltag. Alltag. Es ist vorbei. Es ist vorbei.'

Oder vielleicht waren es diese Worte, die sie verzweifeln ließen: 'Okay, du bist tot, du bist nur noch nicht unter der Erde.'

Wir Eltern können der Wirkung solcher Worte in bestimmten Augenblicken nicht viel entgegensetzen, es sei denn Geduld und viel Zeit, und das Kostbarste, das wir besitzen: Liebe."

Und da beginnt auch unsere Aufgabe. Solche Sänger oder vermeintliche Sänger zerstören sehr häufig. Ich bin nicht der Meinung, daß Liedermacher sich nicht mit sozialkritischen Themen auseinandersetzen dürfen. Der gute Liedermacher wird aber auch sehen, daß es viele schöne und gute, ja sogar vorher nie dagewesene Dinge gibt, über die man sich freuen kann. Dies zu sehen, darauf hinzuweisen, ist Pflicht der Liedermacher, aber auch der Journalisten. Derjenige, der nur Negatives sieht, wird nichts Positives bewirken. Er geht am Leben vorbei. Es geht aber doch darum, Positives zu bewirken und Freude auszulösen.

Die Beschreibung einer Problemsituation mit einem darauffolgenden positiven Zielszenario ist ein Weg nach vorn, also die Verbesserung.

Wenn ein Mensch jedoch, aus welchen Gründen auch immer, psychisch so stark angeschlagen ist, gibt es nur noch eines und zwar den Weg zum Fachmann, der in der Regel dann auch entsprechend helfen kann.

Die meisten Menschen sind mit der Zeit, in der sie leben, nicht zufrieden.

Der junge Mensch ist mit der Gegenwart unzufrieden und sieht in die Zukunft. Das ist gut so und auch der richtige Weg für den Fortschritt. Wichtig jedoch ist, dafür etwas zu tun und nicht nur zu fordern. Es kommt aber auch vor, daß der gleiche Mensch, wenn er älter wird und die Hosen des Twen's ausgezogen hat, beginnt, über die ach so gute alte Zeit nachzudenken und zu sprechen. Am schlimmsten ist es, wenn jene Liedermacher, die zuerst die Traurigkeit ihrer Jugend besangen, einige Jahre später Lieder über die gute alte Zeit schreiben.

Versuchen wir nun, aus diesen sicher nicht guten Beispielen etwas Positives zu entwickeln, um so wieder zur Freude zu kommen.

Es ist in der Tat so, daß die am häufigsten an mich gestellte Frage lautet: „Sagen Sie uns doch bitte, wie kommen wir von einer überwiegend negativen Grundeinstellung zu einer mehr positiven Einstellung, ja sogar Geisteshaltung?"

Ist es denn nicht so, daß die Welt wirklich voller unschöner Dinge ist?

Wie kann man gut über Menschen denken und reden, wenn man ziemlich genau weiß, daß die Spezies Mensch in den letzten 80 Jahren 100 Millionen Menschen umgebracht hat? Nur wenige Zahlen können dies beweisen:

1. Weltkrieg	4 Millionen Menschen
Russische Revolution	10 Millionen Menschen
2. Weltkrieg	60 Millionen Menschen

Und das geht so weiter. Biafra, Vietnam, Uganda, Afrika, Afghanistan, und in neuester Zeit China, Naher Osten, Irland, um nur einige Beispiele zu nennen.

Haben nicht die Schwarzseher recht? Wo ist da Freude?

Gibt es nicht immer wieder Krankheiten, die schlimme Auswirkungen haben, und für die oft „nur" das Geld fehlt, um sie besser erforschen zu können, während man zu gleicher Zeit Spaziergänge auf dem Mars plant? Könnte nicht das Geltungsbedürfnis mancher Politiker auch dadurch befriedigt werden, solche Geldmengen einzusetzen, um kranken und gequälten Menschen zu helfen?

Wo ist da die Freude?

Sicher könnte man noch Beispiele über Beispiele anfügen. Wie soll man da zu einer positiven Denkhaltung kommen?

Wenn man sich das alles ansieht, kann man durchaus zu der Überzeugung kommen, daß der Mensch eher böse ist und daß es durchaus wichtig ist, dieses Böse auch zu sehen.

Beides hat einen hohen Wahrheitsgehalt!

Was ist aber, so möchte ich fragen, wenn wir zu dem Bösen die Polarität, das Gegenteil nicht mehr sehen? Das wäre dann wohl schon die Hölle auf dieser Welt.

All diese aufgeführten negativen Beispiele lassen sich nicht aus der Welt schaffen durch noch mehr Böses oder durch Besingen von

Traurigkeit. Es muß unsere Aufgabe und unser Ziel sein, das Gegenteil anzustreben.

Anklagen genügt nicht. Verbessern!

Es bleibt die Frage nach dem „Wie", indem wir uns die Frage stellen: Was ist in unserem Leben so lebenswert? Indem wir uns auch die Frage nach den schönen Dingen des Lebens stellen. Sehen Sie sich einmal die Liste (Seite 113) der Freuden an, die sich jemand aufgeschrieben hat aufgrund des „Erfolgsbarometers". Und da sehen Sie nicht nur kleine Freuden des Alltags. Ich bin sicher, daß Organisationen wie „Green Peace", die täglich gegen Unschönes ankämpfen, sich auch über ihre Erfolge freuen, weil sie auch sehen, daß man verändern, verbessern kann.

Denken Sie immer wieder an den Spruch: „Ich weiß nicht, ob immer alles besser wird, wenn wir verändern. Ich weiß aber sehr wohl, daß wir verändern müssen, wenn wir verbessern wollen."

Wollen wir denn wirklich verbessern? Wenn ja, dann bitte, beginnen wir zu verändern! Es bleibt die Frage: „Wo?" Selbstverständlich bei uns, und zwar mit unseren Gedanken. Der Gedanke ist der Samen der Tat. Wir müssen Herr unserer Gedanken sein. Denken Sie dabei immer an die Tatsache: alles, was Sie sehen, was Ihnen gefällt, was

Sie bewundern, um was Sie vielleicht von anderen beneidet werden, ist das Ergebnis von Gedanken und wurde gedacht, bevor es entstand.

Was denken Sie, daß durch Sie und Ihre Gedanken entstehen soll? Nichts entsteht, das nicht vorher gedacht und auch geplant wurde.

Die nachfolgenden Zeilen sollen vermitteln, was man tun kann, um aus Gedanken Realität werden zu lassen. Deshalb noch zwei Fragen, die wir uns stellen müssen:

— *„Warum Planen im persönlichen und beruflichen Bereich?"*
— *„Warum ergibt das Bejammern keinen Sinn, sprich keine Veränderung?"*

Sieben Gründe sprechen dafür.

Wir haben ständig Gedanken und sind im Wachzustand nie ohne dieselben. Wenn wir aufstehen, haben wir Gedanken; wenn wir frühstücken, haben wir Gedanken; auf der Fahrt zur Arbeit oder zur Schule haben wir Gedanken; wenn wir essen, haben wir Gedanken; wenn wir nach Hause fahren, haben wir Gedanken; wenn wir schlafen gehen, haben wir Gedanken, wobei uns diese auch in den Schlaf folgen, und wir durch sie zum Träumen kommen.

Gedanken haben das Bestreben der Verwirklichung bzw. Materialisierung. Wir hören oft, wir wären das Jahrhundert, in dem das Flugzeug erfunden wurde. Trifft das wirklich zu? Leonardo da Vinci und andere haben sich mit dem Fliegen beschäftigt. Sie haben Zeichnungen gemacht und das Fliegen beschrieben. Es entstand Energie, die nie mehr verschwand. Es waren Pläne.

Eine der bedeutendsten Aussagen für mich kam von Wittgenstein. Sie lautet: „Die Grenzen meiner Sprache sind die Grenzen meiner Welt." Das heißt, daß wir unsere Gedanken in Sprache und in Schrift bringen müssen. Wenn wir das tun, machen wir bereits eine Art Planung. Wir haben damit die Chance, klarer zu sehen. „Nur wer klar sieht, hat die Chance, daß bei ihm Energie entsteht und er somit motiviert ist."
Das heißt, aus Gedanken sollten Worte − gesprochene und geschriebene − werden.

Eine Teilnehmerin in einem meiner Seminare sagte zu mir: „Wenn ich Sie recht verstehe, ist das von Ihnen angebotene System ein 'Anti-Grübel-System'." Zunächst mußte ich ein wenig darüber nachdenken, bevor ich ihr das bestätigte. Haben wir nur Gedanken − umso mehr, als sie vielleicht negativ sind − grübeln wir. Schreiben wir sie auf und machen uns womöglich eine Art Schachbrett über unser Leben, können wir einen Zug nach dem anderen tun.

Worte, ob geschrieben oder gesprochen, haben die höchste Chance, Realität zu werden. Aus ihnen folgen Taten. Das bedeutet aber noch nicht, daß dies Erfolg ist. Nur wenn es gute Gedanken waren, werden es gute Taten. Dann kann man dies Erfolg nennen.

Ein Beispiel mag dies verdeutlichen. Es gibt immer noch ein Heer von Menschen, die glauben, Freitag, der 13. sei ein absoluter Unglückstag. Wenn man da aus dem Hause geht, bricht man sich vielleicht das Bein oder mehr. In letzter Zeit wurden die Statistiken über Freitag, den 13. nicht mehr veröffentlicht, weil dieser Trend dadurch noch verstärkt würde. Tatsache ist, daß am Freitag, dem 13. noch immer zu viele Unfälle passieren. Schlicht und einfach, weil dies vorher gedacht wurde. Freitag, der 13. ist ein Unglückstag.

Aus meiner Sicht ist Freitag, der 13. immer ein ganz großer Glückstag, und dies, weil ich ihn dazu bestimmt habe. Konsequenz daraus: Wir müssen Gedankenpflege oder Gedankenhygiene betreiben durch die Analyse all der schönen Dinge, die es gibt und der dazugehörigen, bewußt ausgewählten Ziele – vieler Ziele, die von weniger schönen zu schönen führen. Ziele können sein: Gesundheit, Anerkennung, Liebe, Geborgenheit, ebenso Wunscherfüllung für Anerkennung, durch Akzeptanz meiner Leistungen, für meine Mitmenschen, Mitarbeiter, bei Kunden, in der Öffentlichkeit. Daraus entsteht Erfolg. Erfolg ist, wenn ich meine Ziele mit einem starken ethischen Hintergrund (philosophische Ethik) mit weniger materiellen Aufwand als andere erreiche.

Verwenden Sie dazu bitte die einfache Technik für den Alltag im Anhang dieses Buches.

Die Zeit

Nichts ist so gerecht verteilt auf der Welt wie gerade die Zeit. Jeder hat gleich viel davon. Dabei spielt weder Rang noch Name, Alter oder Geschlecht eine Rolle. Jeder hat gleich viel und es ist erstaunlich, wieviel Zeit jeder hat. Ein französisches Sprichwort besagt: „Jeder Tag ist 24 Stunden Freiheit“. Zu dieser Überzeugung zu kommen und sich danach zu verhalten, bringt unheimlich viele Vorteile und somit auch Freude. Aber auch hier gilt Disziplin.

Auf einem deutschen Sekretärinnentag durfte ich den Schlußvortrag halten. Mein Thema war „Die Zeit“. Ich habe diesen Vortrag mit folgenden zwei Sätzen eröffnet: „Wer viel tut, hat viel Zeit“ und „Das einzige Mittel, Zeit zu haben ist, sich Zeit zu nehmen“.

Beides sollte bewirken, daß zunächst einmal Widerspruch entstand. Gemeint ist damit eine vernünftige Arbeitsökonomie. D. h., wer in relativ kurzer Zeit viel tut, hat viel Zeit. Dies bedeutet: Vorbereitungszeit verdoppeln, Ausführungszeit halbieren. Man muß dies nur versuchen, es gelingt fast immer. Nichts ist so schön wie das angenehme Gefühl erledigter Arbeit – und das bringt wiederum Freude. Aufschieben bringt immer Belastung. Erledigte Arbeit macht uns nicht müde und abgespannt, dies tut vielmehr unerledigte Arbeit.

Der zweite Satz, „Das einzige Mittel, Zeit zu haben ist, sich Zeit zu nehmen", ist noch treffender. Dazu ist es eben wichtig zu wissen, was man will, d. h. ständig seine Ziele als Maßstab zu verwenden, um Prioritäten zu setzen. Immer wird eine Aufgabe vordringlicher sein als die andere. Dabei ist es äußerst wichtig, sich Freiräume für den privat-persönlichen Teil zu reservieren. Ein gutes Zeitplansystem sieht das auch vor. Obwohl ich hauptsächlich strategisches Management lehre, betone ich immer wieder, wie wichtig der persönliche Bereich ist – oftmals sogar wichtiger als der berufliche, da er positiv auf den beruflichen Bereich wirkt. So beginnt jedes Management mit Selbstmanagement.

Wie verträgt sich aber diese Aussage mit dem am meisten verwendeten Satz: „Ich habe keine Zeit"? Manch einen hört man nur noch sagen: „Keine Zeit" und schon ist er weg. Damit ist die verbreitetste Lüge dieser Welt ausgesprochen, denn jeder hat ja gleich viel Zeit. Wie kann einer da sagen, er habe keine Zeit. Ist es nicht unmöglich, keine Zeit zu haben?

Dabei ist es erstaunlich, wieviel Zeit wir haben, nämlich täglich 86.400 Sekunden, also 1.440 Minuten, 24 Stunden, wöchentlich 7 Tage, monatlich 28 − 31 Tage, jährlich 12 Monate, 52 Wochen, 365 Tage. Diese Zahlen sollten uns einmal richtig bewußt werden. Nur eines wissen wir nicht: wieviel Jahre wir noch vor uns haben, und das ist gut so. Darum sollten wir uns den Satz zu Herzen nehmen: „Heute ist der erste Tag vom Rest meines Lebens"; ich meine, eines Lebens, das wir gestalten können.

Wenn Sie sich nun vornehmen, ab sofort nie wieder zu sagen „ich habe keine Zeit", sondern „ich habe dafür keine Zeit" und danach zu handeln, ist das schon ein Vorteil, denn damit setzen Sie Prioritäten. Wenn wir in unserem Leben im Alltag keine Prioritäten setzen, können wir kaum Höhepunkte erreichen und schon gar nicht Freude.

Dies zeigt uns auch, daß wir mehr lernen müssen zu lassen. Ein altes Sprichwort sagt: „Man kann nicht auf zwei Hochzeiten tanzen". Dank moderner Technik tanzen wir manchmal auf drei Hochzeiten, um im

Nachhinein festzustellen, daß es sinnvoller gewesen wäre, auf keiner dieser Hochzeiten zu tanzen. Die Welt ist voller Verlockungen, aber auch voller Zeitdiebe, und wir lassen uns von vielen Bereichen verführen und sind somit auch sehr häufig fremdbestimmt. Unser Ziel muß es sein, „Zeitsouveränität" * zu erreichen und diese Zeitsouveränität auch zu leben.

Die Zeit ist es, die uns lehrt, daß etwas vergeht und Vergangenheit entsteht. Und die Zeit ist es auch, die uns lehrt, daß es etwas Zukünftiges gibt, etwas, das wir empfangen müssen. Wir können die Zeit empfangen und vorweg Einfluß auf das nehmen, was wir Gegenwart nennen. Die Diskussion über die Zeit ist nicht neu. Seneca hat dies so beschrieben: „Es ist nicht zu wenig Zeit, die wir haben, sondern zu viel Zeit, die wir nicht nützen." Verlorene Zeit ist Leid, gewonnene Zeit ist Freude. Nutzen wir also die Zeit. Denn leben können wir nur in der Gegenwart und zwar von Leistungen der Vergangenheit, die wir erdacht und geplant haben, als die Gegenwart noch Zukunft war. Wieder ist jetzt eine Zeit, die wir Gegenwart nennen, in der wir für die Zukunft etwas tun. So ist Zielplanung ohne Zeitplanung und Zeitplanung ohne Ziel unmöglich.

---

*) „Zeitsouveränität" = Buchtitel im Josef Schmidt Verlag

Das bisher Geschriebene zeigt, wie nahe Freud und Leid beieinander sein können. Freude ist also auch eine sehr ernste Sache. Fragen wir uns, was falsche Freuden und was echte Freuden sind. Fragen wir uns, ob es stimmt, daß, wenn wir nicht bereit sind, kleine Opfer zu bringen, große daraus werden können. Genauso kann es sein, daß, wenn wir glauben, für etwas keine Zeit zu haben, dann gerade dafür besonders viel Zeit brauchen.

Es ist sicher sinnvoll, sich mit seinem Leben und dem täglichen Tun und Lassen öfter auseinanderzusetzen, ganz besonders mit seinen eigenen Zielen. Es ist eine große Freude, vorsorglich zu planen, ob im Bereich der Gesundheit, der Familie oder im Beruf, um so Erfolge zu verursachen. Es ist ermüdend, immer nur Dinge zu korrigieren, die mit mehr vorsorglicher Planung nicht geschehen wären.

Dafür ist eine Umgewöhnung bzw. Veränderung bei sich selbst notwendig. Wenn man sich Gewohnheiten abgewöhnt, muß man wissen, daß an diese Stelle etwas anderes tritt. Was, das sollte man bestimmen, das sollte man sich vornehmen, das sollte etwas Besseres, etwas Positives sein, und dies nennt man eben auch Ziel. Das gleiche gilt für negative Gedanken. Wenn wir uns vornehmen, negative Gedankengänge abzulegen, so brauchen wir einen Ersatz für diese, und dieser Ersatz sollte eben positives Denken sein. Was ist aber positives Denken? Was ist positiv und was ist Denken? Wenn wir uns nicht gründlich damit auseinandersetzen, kann es sein, daß an die Stelle der abgewöhnten negativen Gedanken wiederum negative Gedanken anderer Art treten. Und positive Gedanken sollten immer positive Vorhaben und Ziele sein.

Verwertung:

Fragen:

- *Behaupte auch ich, keine Zeit zu haben?*
- *Setze ich meine Zeit aus meiner Sicht sinnvoll ein?*
- *Wieviel meiner Zeit ist fremdbestimmt?*
- *Wie kann ich Veränderungen herbeiführen?*

Leitgedanken

1. Große Probleme entstehen oft, wenn kein reales Lebensziel vorhanden ist.

2. Welchen Sinn hat für mich das Leben; welchen Sinn möchte ich meinem Leben geben? Was tue ich dafür, daß das, was ich mir wünsche und als Ziel setze, auch eintritt?

3. Es ist sehr zu empfehlen, daß jeder sich damit auseinandersetzt, um das Ziel zu finden, das ihm Freude bereitet; denn Ziele setzen unser Verhalten in Gang.

4. Es gibt im Leben nur zwei Sünden: zu wünschen, ohne zu handeln und zu handeln ohne Ziel.

5. Viele Menschen wünschen, sind aber nicht bereit zu handeln. Noch mehr Menschen handeln, jedoch ohne Ziel.

6. Durch Ziele entsteht Konzentration, und dadurch wird die vorhandene persönliche Energie wirksam.

7. Prägungen entstehen auch oder ganz besonders in sensiblen Phasen des Lebens eines Menschen.

8. Manche hatten Glück und hatten in sen-

siblen Phasen gute Beispiele und Vorbilder und wurden dadurch zum Positiv-

Denker. Andere hatten Negativbeispiele um sich und denken, handeln und
bewegen sich dadurch negativ.

9. Was im Negativkreis oft fehlt, ist die
Liebe der Menschen im Umfeld. Man
sollte nie vergessen, daß sich jeder
Mensch danach sehnt, geliebt, geschätzt
und geachtet zu werden.

10. Wo Liebe, Güte und Wohlwollen vorhanden sind, hat man es leicht, aus einem Negativkreis auszubrechen.

11. Eltern können der Wirkung negativer
Eindrücke ihrer Kinder in bestimmten
Augenblicken nicht viel entgegenset-
zen, es sei denn Geduld und viel Zeit,
und das Kostbarste, das sie besitzen:
Liebe.

12. Derjenige, der nur Negatives sieht, wird
nichts Positives bewirken.

13. Ich weiß nicht, ob immer alles besser
wird, wenn wir verändern. Ich weiß aber
sehr wohl, daß wir verändern müssen,
wenn wir verbessern wollen.

14. Die Grenzen meiner Sprache sind die
Grenzen meiner Welt.

15. Nur wer klar sieht, hat die Chance, daß bei ihm Energie entsteht und er somit motiviert ist.

16. Worte, ob geschrieben oder gesprochen, haben die höchste Chance, Realität zu werden.

17. Wir müssen Gedankenpflege oder Gedankenhygiene betreiben durch die Analyse all der schönen Dinge, die es gibt und der dazugehörigen, bewußt ausgewählten Ziele.

Zum Thema Zeit

1. Jeder Tag ist 24 Stunden Freiheit.

2. Wer viel tut, hat viel Zeit.

3. Vorbereitungszeit verdoppeln, Ausführungszeit halbieren.

4. Nichts ist so schön wie das angenehme Gefühl erledigter Arbeit.

5. Das einzige Mittel, Zeit zu haben ist, sich Zeit zu nehmen.

6. Jedes Management beginnt mit Selbstmanagement.

7. Mit dem Satz: „Ich habe keine Zeit" ist die verbreitetste Lüge dieser Welt ausgesprochen, denn jeder hat gleich viel Zeit.

8. Heute ist der erste Tag von Rest meines Lebens.

9. Wenn wir in unserem Leben keine Prioritäten setzen, können wir kaum Höhepunkte erreichen.

10. Die Welt ist voller Verlockungen, aber auch voller Zeitdiebe.

11. Es ist nicht zu wenig Zeit, die wir haben, sondern zu viel Zeit, die wir nicht nützen.

12. Leben können wir nur in der Gegenwart, von Leistungen der Vergangenheit, die wir erdacht und geplant haben, als die Gegenwart noch Zukunft war.

13. Zielplanung ohne Zeitplanung und Zeitplanung ohne Ziel sind unmöglich.

14. Wenn wir glauben, für etwas keine Zeit zu haben, brauchen wir gerade dafür besonders viel Zeit.

15. Es ist eine große Freude, vorsorglich zu planen, um so Erfolge zu verursachen. Es ist ermüdend, immer nur Dinge zu korrigieren, die mit mehr vorsorglicher Planung nicht geschehen wären.

16. Positive Gedanken sollten immer positive Vorhaben und Ziele sein.

Inspiration

Meine Zeit

Jeder Tag ist ein neuer Tag. Morgen ist er Vergangenheit. Was ich heute einleite, wirkt heute, morgen und sicher noch sehr lange Zeit. Was ich heute versäume, kann ein Versäumnis für die Zukunft sein.

Ich plane jeden Tag so, daß er Fortschritt und Genugtuung für mich und mein Umfeld bedeutet. Am Abend, wenn ich meinen Tag nachbereite, soll die Summe meines Tuns meiner Zukunft dienen.

Die Zukunft ist eine lange Reihe von Tagen und heute ist der erste Tag vom Rest meines Lebens − eines Lebens, das ich gestalten kann.

3. Kapitel

Der Preis der Freude

Was können wir tun, um Freude zu festigen und zu erhalten?

Freude kann man sicher nicht zum Nulltarif erhalten, vor allem muß man ständig darüber nachdenken. Wenn jemand alt ist und auf sein Leben zurückschaut, wird es so wertvoll gewesen sein, wie es ihm gelungen ist, es möglichst lange in guter Stimmung zu verbringen, also auch viel Freude erlebt zu haben, d. h. ausgewogen, in der Mitte, im Gleichgewicht gewesen zu sein. Da dies aber keine Selbstverständlichkeit ist und die vorhandenen Möglichkeiten genutzt werden müssen, ist es wichtig, darüber nachzudenken. Viel häufiger wird nur beurteilt, werden vorgefestigte Meinungen vertreten, aber wird auch verurteilt.

Wäre es nicht besser, ein wenig mehr zu denken, vielleicht auch schriftlich? Der Autor des Buches „Schach und Management", Jürgen Bleis, hat in einem Vortrag die Behauptung aufgestellt und auch begründet, daß 80 % der Menschen denken, daß sie denken. Tatsächlich befinden wir uns zu einem großen Prozentsatz in vorgegebenen Bahnen und Strukturen, die wir oft bedauern, eventuell sogar bejammern, statt sie zu verändern. Nun wissen wir aber, Jammern ist Ausdruck von Unfähigkeit. Einer meiner Lehrsätze, den ich in all meinen Seminaren verwende, lautet: „Ich denke, daß ich bin wie ich denke, darum wird mir das Denken zum Schicksal".

Denken, verändern, das ist leben, das ist gestalten.

Ich weiß nicht, ob immer alles besser wird, wenn wir es verändern. Ich weiß aber sehr wohl, daß wir verändern müssen, wenn wir verbessern wollen. Zu so einer Veränderung im Denken möchte ich Sie nun hinführen.

„Hindernisse und Schwierigkeiten sind oft die Grundlage von Erfolgen". Dies besagt doch unter anderem, sich nach gründlichem Durchdenken über diese Hindernisse sogar zu freuen.

Zum besseren Verständnis ein Erlebnis, das dies verdeutlicht:

Ich bekam Besuch von einem italienischen Geschäftsfreund. Seine Vorliebe für schönes Porzellan war mir bekannt. Deshalb schenkte ich ihm vor seiner Abreise ein Set schöner Vasen aus schwarzem Porzellan. Seine Freude war sehr groß.

Auf dem Weg nach Italien machte er in München Station. Über Nacht wurde sein Auto aufgebrochen und das schöne Porzellan gestohlen. Nach seiner Rückkehr nach Italien schrieb mir mein Geschäftsfreund einen langen Brief und schilderte dieses ach so traurige Vorkommnis.

Sein ganzer Brief war Ausdruck von Empörung und Traurigkeit. Man hatte ihm etwas gestohlen, das ihm große Freude machte, und nun ist an die Stelle der Freude Traurigkeit getreten.

Hat er womöglich ein wenig den Glauben an das Gute, an das Wahre und an die echte Freude verloren?

Ihm nun eine wahrlich große Freude zu machen — die ihm niemand mehr stehlen kann — war mein Ziel.

In einem Brief habe ich ihm sinngemäß folgendes geschrieben: „Warum ärgern Sie sich eigentlich so über dieses, zugegeben, unschöne Erlebnis? Man hat Ihnen etwas gestohlen, das mit Geld ersetzbar ist. Man kann dieses Set mit Geld wieder erwerben. Haben Sie eigentlich auch über den großen Vorteil dieser Geschichte nachgedacht? Ist es nicht etwas sehr Schönes, auf der Seite des Lebens zu stehen, wo man bestohlen werden kann? Haben Sie darüber nachgedacht, welche Gefühle Sie empfanden, als Sie das Geschenk bekamen und warum? Haben Sie aber auch darüber nachgedacht, welches Gefühl der Dieb haben mußte, als er Ihr Geschenk an sich nahm, welche Ängste beim Stehlen und welche Mißachtung sich selbst gegenüber beim Betrachten? Beiliegend erhalten Sie das Vasenset noch einmal in der Hoffnung, beim häufigen Anblick dieser

Vasen immer an Ihr großes Glück zu denken, auf der richtigen Seite des Lebens zu stehen."

Seine Antwort auf meinen Brief und das Geschenk zeigte mir, daß das, was ich beabsichtigt hatte, eingetreten war. Hatte er sich über das erste Geschenk einfach gefreut, so empfand er über das gleiche Geschenk zum zweitenmal die zehnfache Freude. Wenn die Freude Motivation, ja sogar Therapie ist (in einem späteren Artikel werde ich mehr darüber aussagen), dann war der Diebstahl, also das Problem, die Grundlage dafür.

Nun wird mir sicher niemand unterstellen, daß ich Diebstahl nicht als verwerflich empfinde oder nicht total ablehne. Es sollte nur als Beispiel dienen, auch für meine nachfolgende Logik.

Worüber kann und muß ich mich freuen?

Jeder von uns muß sich einmal die Frage stellen, ob es eine Selbstverständlichkeit ist, dort zu stehen, wo man steht, nämlich auf der richtigen Seite. Ich meine damit, daß man nicht auf eine schiefe Bahn geraten ist oder das Gesetz nicht auf seiner Seite hat. Zur Zeit korrespondiere ich mit einem Gefängnisinsassen, den ich noch nicht kenne. Meine Bücher faszinierten ihn. Was wird wohl der Grund seiner langen Haft sein? In einem Buch von Napoleon Hill habe ich gelesen, daß ein Strafgefangener nach seiner Entlassung zu einem der erfolgreichsten Männer in Amerika wurde. Er hat im Gefängnis den Unterschied vom falschen zum richtigen Handeln erkannt.

Kleine und kleinste Dinge hätten den Ausschlag geben können – auch für uns – auf die andere Seite zu rutschen, und sei es nur für kurze Zeit. Könnte nicht schon in jungen Jahren die Bekanntschaft mit Freunden, die in ihrem Charakter ganz anders waren, zu einer eventuellen Verführung und so zur Konfrontation mit dem Gesetz geführt haben?

Ein Jurist erzählte mir einmal, daß er den Weg zum Richter eingeschlagen hatte und in seinem ersten Auftritt, zunächst als Staatsanwalt, einen Fall bearbeiten mußte, in dem es eben an dieser kleinen Kleinigkeit gelegen hatte, daß der Betroffene von gut zu böse gerutscht war. Dieser Jurist erzählte mir weiter, daß er allein durch dieses ihn sehr bewegende Beispiel seinen weiteren beruflichen Werdegang verändert hat.

Gibt oder gab es nicht in unserem / meinem Leben Situationen, in denen das auch hätte passieren können? In meinem Leben gab es genug. Dies umso mehr, als ich in einer Zeit der Not, der Entbehrung, des Hungers aufgewachsen bin. So richtig bewußt wurde mir dies aber erst durch das Beispiel mit dem italienischen Geschäftsfreund.

Denken Sie bitte nach, und wenn Sie Vergleichbares gefunden haben, prüfen Sie, was wohl aus Ihnen geworden wäre, wo Sie jetzt vielleicht stehen würden. Und wenn Sie alles genau wissen, besser gesagt sich alles vorstellen können, freuen Sie sich über Ihre Situation und stellen Sie sich die Frage, mit wem Sie diese Freude teilen wollen.

Wenn Sie über die Grundlagen des Sich-Freuens nachdenken, sollten Sie auch die Lebensbereiche mit einbeziehen, die vermeintlich Ärger und Sorgen bringen.

Die reine Freude nur als Bequemlichkeit gibt es nicht. Disziplin ist auch die Fähigkeit des Trainings, der Übung, Freude zu erreichen, und dies ist unter anderem auch die Freude am Tun, Aufgaben zu erledigen, ja auch zu bewältigen. Das schlimmste, das im sozialen Bereich immer wieder zu sehen und zu hören ist, ist die Verunglimpfung und die Abwertung der Arbeit. Wie sollen die für die Leistung, aber auch die Leistungsfähigkeit notwendigen Arbeiten durchgeführt werden, wenn Arbeit ständig als etwas Unschönes, das eben abzulehnen ist, bezeichnet wird?

Wahrscheinlich stoßen Sie dabei auf Bereiche, die zunächst tatsächlich keine Freude bereiten. Dann sollten Sie versuchen, diese zu verändern, und zwar zunächst wieder in der einfachsten Form des Planens: „Was wäre, wenn . . .", „was tue ich, daß . . .".

Leitgedanken

1. Was können wir tun, um Freude zu festigen und zu erhalten?

2. Wir befinden uns zu einem großen Prozentsatz in vorgegebenen Bahnen und Strukturen, die wir oft bedauern, eventuell sogar bejammern, statt sie zu verändern. Jammern ist jedoch Ausdruck von Unfähigkeit.

3. Ich denke, daß ich bin wie ich denke. Darum wird mir das Denken zum Schicksal.

4. Ich weiß nicht, ob immer alles besser wird, wenn wir es verändern. Ich weiß aber sehr wohl, daß wir verändern müssen, wenn wir verbessern wollen.

5. Hindernisse und Schwierigkeiten sind oft die Grundlage von Erfolgen.

6. Worüber kann und muß ich mich freuen?

7. Wenn Sie über die Grundlagen des Sich-Freuens nachdenken, sollten Sie auch die Lebensbereiche mit einbeziehen, die vermeintlich Ärger und Sorgen bringen.

8. Die reine Freude nur als Bequemlichkeit gibt es nicht. Disziplin ist auch die Fähigkeit des Trainings, Freude zu erreichen.

Inspiration

„Unsere positiven Gedanken und Ziele sind unser Immunsystem gegen Mißerfolge.

Mißerfolge sind mißlungene Erfolge. Mißerfolge ständig zu reduzieren durch präventive positive Maßnahmen, erhöht unsere Effizienz in allen Lebensbereichen.

Die Verbesserung der Effizienz ständig anzustreben, ist nicht nur unsere Pflicht, sondern die beste Form, „Überlegenheit" zu erreichen und somit Teil eines glücklichen und erfolgreichen Lebens."

4. Kapitel

Freude und positive Gedanken sind Lebensaufgaben

Freude muß, genau wie etwas anderes im Leben, erzeugt werden, und zwar muß dies zunächst jeder für sich alleine tun. In der Geschichte über die Dankbarkeit und Wohltätigkeit als Tugenden können Sie später lesen, daß sich beide Tugenden nicht kennen. Das heißt, einerseits brauchen wir Freude, andererseits kommt sie nicht von selbst. Natürlich ist Dankbarkeit auf erhaltene Wohltätigkeit ein enormer Erfolgsfaktor. Aus diesem Grund sollten wir uns in beiden Tugenden ständig üben. Wenn wir aber darauf angewiesen wären, würden wir viel zu wenig Freude und somit Nahrung für unsere Seele bekommen. Freude zu erzeugen, zu genießen, aber auch zu verschenken, ist erlernbar. Man muß es nur versuchen. Der Lohn für diesen Versuch ist groß. Allein der Versuch ist schon etwas sehr Positives.

Zunächst einige einfache Bereiche des positiven Denkens, das immer auch zur Freude führt.

Der positive Mensch sagt nicht: „Mein Glas Wein ist schon wieder halbleer", er sagt: „Mein Glas Wein ist noch halbvoll." Der positive Mensch sagt nicht: „Mein Urlaub ist schon wieder halb zu Ende", er sagt: „Ja, mein Urlaub liegt noch halb vor mir." Der positive Mensch sagt nicht: „Das Wochenende ist viel zu kurz und es wird wohl wieder regnen". Der positive Mensch sagt: „Ich werde das kommende Wochenende gut planen und genießen, um auch gerüstet und stark für die kommende Woche zu sein." Der positive Mensch sagt nicht: „Oh, diese Innenstädte! Es ist schlimm, man findet keinen Parkplatz, wenn man hineinfährt." Er sagt: „Wenn ich in die Innenstadt fahre, fährt immer eines von den vielen tausend Autos weg, und ich werde sicher einen Platz finden."

Es ist also immer eine Frage der Betrachtungsweise. Dazu eine kleine Geschichte von Theodor Fontane. Er schreibt: „Meine Situation hier würden einige als eine verzweifelte ansehen; ich behandle aber diese Dinge wie unser Sohn George. Als er zur ersten Kompanie kam, schrieb er, er habe nun den Vorteil, der Musik am nächsten zu marschieren. Eine Version, die er, als er einige Wochen später zur vierten und letzten Kompanie kam, dahin abänderte, er habe nun den Vorteil, die Musik des unmittelbar folgenden Bataillons zu hören. Er hat ganz recht; es kommt immer nur darauf an, daß, wie und wo man auch marschiert, man allerorten die Musik des Lebens hört. Die meisten hören nur die Dissonanzen."

Also auch hier die Aussage für die Dankbarkeit, auf der richtigen Seite zu stehen, wenn auch in einem ganz anderen Zusammenhang.

Am meisten hat mich eine Aussage Arthur Schopenhauers zu dem Bereich des Fröhlichseins und der Freude bewegt. Er schreibt: „Wer fröhlich ist, hat allemal Ursache, es zu sein, nämlich eben diese, daß er es ist. Nichts kann so sehr wie diese Eigenschaft jedes andere Gut vollkommen ersetzen, während sie selbst durch nichts zu ersetzen ist. Sei einer jung, schön, reich und begehrt, so fragt man sich, wenn man sein Glück beurteilen will, ob er dabei heiter ist; ist er hingegen heiter, so ist es einerlei, ob er jung oder alt, gerade oder bucklig, arm oder reich sei. Er ist glücklich."

Es ist somit immer eine Frage der Geisteshaltung. Dies läßt sich natürlich auf alle Bereiche des Lebens übertragen, ob auf Familie, Besitz, Ansehen oder Gesundheit. In all diesen Bereichen wird es Probleme geben, aber es ist immer die Frage, wie wir dazu stehen. Es ist durchaus möglich, daß wir ohne Probleme sogar mittelmäßig gut sind. Man sieht die einzelnen Bereiche, stellt fest, es geht so lala, es gibt nichts Besonderes, aber auch kein Problem. Wenn es aber Probleme in einem Bereich gibt, werden wir sensibilisiert und werden diese dann entsprechend angehen, verändern und auch Erfolg haben. Ein altes Sprichwort sagt: „Wo die Not am größten ist, ist Gottes Hilfe am nächsten." Natürlich ist dies begründbar. Wenn uns etwas bedrückt, wenn also ein gewisser Leidensdruck entsteht, sind wir hellwach, weil wir die daraus zu erwartende Not abschätzen können. Da wir aber nicht in Not leben wollen, verändern wir diesen Zustand. Wir betreiben eine Art geplante Evolution. Diese Veränderung ist dann eine wahrlich gut fundierte Grundlage der Freude. Aus dieser Sicht kann Freude ständig, fast möchte ich sagen beliebig, verursacht werden. Im Berufsleben ist dies wirksam, wenn wir die Probleme der Kunden erkennen und zu deren Lösungen beitragen. Das ist die praktische Form der philosophischen Ethik.

Wenn wir ein schönes und verlockendes Lebensziel haben, wird das Leben immer schöner und leichter, denn nur so haben wir die Möglichkeit, uns die Frage zu stellen: „Was behindert mich auf dem Weg zu meinem Ziel?" Jede Veränderung, also Verbesserung der Behinderung auf dem Weg zum Ziel, erzeugt die Erfolgserlebnisse, die wir aus tiefster Überzeugung auch Freude nennen können.

Am stärksten entsteht Freude im Spannungsfeld zwischen Problemzustand und der Veränderung hin zum Erfolg. Dazu einige sehr einfache Beispiele.

Kann es für einen Menschen eine besondere Freude sein, wenn er einen Besitz von hundert Millionen hat und noch 100.000 DM dazu erwirtschaftet? Das ist Geschäft, das ist für diese Person Alltag. Für einen aber, der – aus welchen Gründen auch immer – in Not ist, können 100.000 DM eine enorme Erleichterung, eine große Freude bedeuten.

Oder was bedeutet einem gesättigten Menschen ein ausgezeichnetes Essen mit Hummer, Gänseleberpasteten und sonstigen Leckereien? Für den Hungrigen ist dies etwas Wunderbares, und zwar ist es eben am wunderbarsten vom Hunger bis hin zur Sättigung. Man kann dies auch die Vorfreude nennen.

Wir wissen, wenn wir uns ein neues Auto kaufen, ist das Auswählen, Bestellen, Warten, bis es kommt, ein enorm freudiger Zustand.

So gesehen ist die Verursachung von Freude relativ leicht.

Welche Bereiche werde ich umgehend angehen?

In welchen Bereichen kann ich dadurch anderen Freude bereiten?

Das Gegenteil von Freude ist Angst und Furcht

Als erstes sollte man versuchen, diese beiden Wörter ein wenig zu definieren bzw. die

Unterschiede aufzuzeigen. Angst ist etwas Diffuses. Man kann sich den Zustand nicht erklären bzw. man weiß nicht, warum und wovor man sich ängstigt. Dies ist auch schwieriger in das Gegenteil zu verwandeln.

Furcht ist etwas Konkretes. Man fürchtet sich z. B. davor . . . ja, wovor?

- eine Prüfung nicht zu bestehen
- einen Arbeitsplatz zu verlieren
- einen guten Kunden zu verlieren
- krank zu werden
- eine Freundschaft zu gefährden
- nicht gut zu verdienen
- sich in einer Stadt zu verfahren, zu verirren
- nicht genügend Können für seine Aufgabe zu haben
- u. v. m.

Trotz dieser wahllos angeführten Probleme sind das aber Bereiche, die man durch gute Vorgehensweise, z. B. durch Planen, Lernen, Vorbeugen, Sich-kundig-Machen usw. verändern kann. Nicht so bei Ängsten. Dazu gibt es eine interessante Aufstellung von Eric Verk: „Zu 40 % ängstigen wir uns vor Dingen, die nie eintreten werden; zu 40 % vor Dingen, die wir mit all unseren Kräften nicht aus der Welt schaffen können; zu 10 % ängstigen wir uns grundlos um unsere Gesundheit; zu 8 % machen wir uns um ganz unbedeutende Kleinigkeiten Sorgen, und nur zu 2 % sind begründete, echte Sorgen angebracht." Nun muß das nicht bei jedem gleich sein. Die Prozente können sich geringfügig ändern. Wichtig ist aber für jeden: was sind diese 2, 3 oder 4 %? Darüber nachzudenken kann schon bewirken, daß aus den Ängsten eventuell nur Befürchtungen werden, und diese können wir schon konkret anpacken.

Ängste sind diffus, also nicht genau erklärbar. Man nimmt sicher mit Recht an, daß man sich diese Ängste zu einem großen Prozentsatz selbst suggeriert hat. Dazu ein Beispiel über die Suggestion bzw. Selbstsuggestion. Sie kommt aus Gedanken. Herbert Parkyn berichtet in seinem Lehrbuch über die Autosuggestion von folgendem amüsanten und deshalb besonders einprägsamen Vorfall: „Ein New Yorker war nach Chicago geflogen und hatte vergessen, dort seine Uhr um eine Stunde zurückzustellen, wie es die unterschiedliche Zeitzone verlangt hätte. Ein Geschäftsfreund bat ihn um die genaue Uhrzeit, und kaum hörte dieser, die Mittagszeit sei schon überschritten, überfiel ihn plötzlich ein Heißhunger, obwohl ihn noch eine ganze Stunde von seiner gewohnten Essenszeit trennte."

Genauso kann man sich Ängste suggerieren. Menschen, die in einer Umgebung aufwachsen, in der ständig und immer wieder nur über negative Dinge gesprochen wird, z. B. darüber, was alles passieren könne, glauben daran und suggerieren sich dadurch Ängste.

So entstehen auch Sorgen. Sorgen sind wiederum auf die Zukunft übertragene Ängste.

Es ist eine Tatsache: eine der größten Geißeln der Menschen ist die Angst, die bis hin zum Unglück führen kann. Ein gutes Beispiel wird uns im „Erlkönig" geboten („Siehst Vater, du, den Erlkönig nicht?").

Wie kann man dies aber verhindern? Natürlich durch Denken, und zwar durch positives Denken, durch positives Gedankengut.

Ein weiterer Lehrsatz von mir lautet: „Wenn ich klar sehe, bin ich motiviert, fließt Energie." Ängste entstehen auch durch das Nicht-klar-Sehen. Ein Beweis dafür ist, daß viele Menschen gerade bei Nacht mehr Ängste haben, weil sie da noch weniger klar sehen.

Dessen ungeachtet sollte jeder, der mit Ängsten zu tun hat, seine Lebensbereiche durchleuchten, aufschreiben, und er wird feststellen, daß es wenig Gründe gibt, sich wirklich zu ängstigen. Diese Feststellung leitet dann oft schon den umgekehrten Kreis ein. Es entsteht allein dadurch wieder Freude, nämlich Freude darüber, daß es eigentlich kaum einen Grund gibt, Angst zu haben.

Immer wieder müssen wir aber feststellen, daß die Gedanken die Ausgangssituation für Ängste sind. Wer ständig Gedanken der Angst, des Zorns, vielleicht des Hasses und des Mißerfolgs nachhängt, wird sich auch niedergeschlagen und unglücklich fühlen.

Wichtig ist, sich immer wieder bewußt zu machen, daß das Leben vom eigenen Denken gestaltet wird. Der Mensch ist nämlich, was er denkt und nicht, was er sagt, liest oder hört. Durch das Denken kann er auf Bestehendes Einfluß nehmen. Er kann sich sogar befreien von Ängsten, Krankheit, aber auch von Mißerfolgen bis hin zum Unglück. Immer ist es eine Frage, was für ihn die Mitte oder der Sinn seines Lebens bedeuten. Man kann auch sagen: unser Leben ist so, wie unsere Gedanken uns formen – und wir können auf unsere Gedanken Einfluß nehmen.

Natürlich sollten wir nicht sagen „ich habe vor nichts Angst", denn sonst könnte es sein, daß wir leichtsinnig werden. Wenn es aber stimmt, was Verk sagt, so ist das ein Prozentsatz, der sicher zu ertragen ist, 2 oder 3 statt 100 Prozent.

Nachfolgende Grafik verwende ich auch in meinen Managementseminaren.

Man kann dies auch selbstbestätigende Prophezeiung nennen: Sind die Gedanken gut, werden positive selbstbestätigende Prophe-

**Je mehr Positives man ausstrahlt,
desto mehr Positives kommt zurück.**

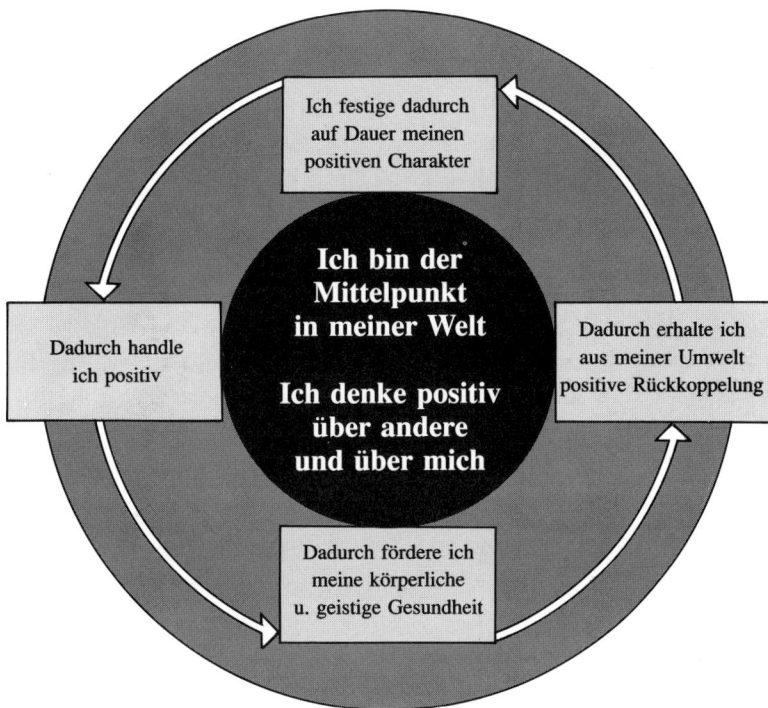

zeiungen entstehen, und sind die Gedanken schlecht, ist es eben umgekehrt. Wirksam sind die Gedanken immer. Wir entscheiden selbst über die Qualität und Wirksamkeit.

Wenn wir uns den hier aufgezeigten Wechselkreis ständig und immer wieder, also täglich mindestens einmal, ansehen und diese Empfehlung verfolgen, wird das Angstgefühl sehr stark zurückgehen.

Vielleicht empfinden Sie nun, daß dieser Bereich − nämlich die Angst − mit relativ viel Logik angegangen wird. Ich meine, wir sollten diese Logik ruhig versuchen umzusetzen. Wir müssen aber auch wissen, daß das Entscheidende wiederum die Liebe, die eigene und die Liebe unseres Umfelds, ist. Was Menschen mit Ängsten ganz besonders brauchen, ist Liebe und Zuwendung. G. Hans Wallhof hat darüber ein Heft verfaßt mit dem Titel „Ich streichle die Angst aus deiner Seele". Ich glaube, auch das ist ein sehr wichtiger Bereich. Er zeigt besonders die Notwendigkeit der Partnerschaft.

Verwertung:

Fragen Sie sich nun: Sind Sie ein negativ denkender Mensch, welche Ängste haben Sie und sind sie begründet? Wie werden Sie diese verändern? Wen oder was brauchen Sie dafür? Bitte schreiben Sie sich dies auf.

Fragen Sie sich auch: Sind Sie ein positiv denkender Mensch? Welchen Beweis würden Sie angeben? Schreiben Sie sich auch diese Argumente auf.

Durch die Beantwortung dieser Fragen werden Sie Veränderungen herbeiführen, die mit Sicherheit wiederum Freude sind.

- *Wie verwerten Sie diese Freude?*
- *Wem teilen Sie Ihre Freude mit?*
- *Mit wem teilen Sie diese Freude?*

Leitgedanken

1. Freude muß, genau wie etwas anderes im Leben, erzeugt werden, und zwar muß dies zunächst jeder für sich alleine tun.

2. Freude zu erzeugen, zu genießen, aber auch zu verschenken, ist erlernbar.

3. Der positive Mensch sagt nicht: „Mein Urlaub ist schon wieder halb zu Ende", er sagt: „Mein Urlaub liegt noch halb vor mir".

4. Es kommt immer nur darauf an, daß, wie und wo man auch marschiert, man allerorten die Musik des Lebens hört. Die meisten hören nur die Dissonanzen.

5. Wer fröhlich ist, hat allemal Ursache, es zu sein, nämlich eben diese, daß er es ist.

6. Ist einer jung, schön, reich und begehrt, so fragt man sich, ob er dabei heiter ist; ist er hingegen heiter, so ist es einerlei, ob er jung oder alt, gerade oder bucklig, arm oder reich sei. Er ist glücklich.

7. Wo die Not am größten ist, ist Gottes Hilfe am nächsten.

8. Wenn wir ein schönes und verlockendes Lebensziel haben, wird das Leben immer

schöner und leichter, denn nur so können wir erkennen, was uns auf dem Weg
zu unserem Ziel behindert.

9. Am stärksten entsteht Freude im Spannungsfeld zwischen Problemzustand
und der Veränderung hin zum Erfolg.

10. Das Gegenteil von Freude ist Angst und
Furcht.

11. Angst ist etwas Diffuses. Man kann sich
den Zustand nicht erklären bzw. man
weiß nicht, warum und wovor man sich
ängstigt.

12. Zu 40 % ängstigen wir uns vor Dingen,
die nie eintreten werden; zu 40 % vor
Dingen, die wir mit all unseren Kräften
nicht aus der Welt schaffen können; zu
10 % ängstigen wir uns grundlos um unsere Gesundheit; zu 8 % machen wir uns
um ganz unbedeutende Kleinigkeiten
Sorgen, und nur zu 2 % sind begründete, echte Sorgen angebracht.

13. Sorgen sind auf die Zukunft übertragene Ängste.

14. Eine der größten Geißeln der Menschen
ist die Angst.

15. Wenn ich klar sehe, bin ich motiviert,
fließt Energie.

16. Der Mensch ist, was er denkt und nicht, was er sagt, liest oder hört. Durch das Denken kann er auf Bestehendes Einfluß nehmen.

17. Unser Leben ist so, wie unsere Gedanken uns formen.

18. Sind die Gedanken gut, werden positive selbstbestätigende Prophezeiungen entstehen, und sind die Gedanken schlecht, ist es umgekehrt. Wir entscheiden selbst über die Qualität und Wirksamkeit unserer Gedanken.

19. Was Menschen mit Ängsten ganz besonders brauchen, ist Liebe und Zuwendung.

20. Sind Sie ein negativ denkender Mensch? Welche Ängste haben Sie und sind diese begründet?

21. Sind Sie ein positiv denkender Mensch? Welchen Beweis würden Sie angeben?

Inspiration

„Mögen die Gegensätze zwischen den Menschen noch so groß sein, sie bleiben oberflächlich. Verglichen mit dem, was uns
verbindet, ist das, was uns trennt, unendlich
gering. Es gibt für uns kein besseres Mittel,
in Frieden zu leben, uns gegenseitig zu ach-
ten und zu lieben, als wenn wir unser Denken auf unseren gemeinsamen Nenner ausrichten. Dieser gemeinsame Nenner trägt
den großen Namen 'Mensch'. Lernen wir
also wieder, in jedem Geschöpf den Bruder
zu erkennen."

(Dominique Pire)

5. Kapitel

Was heißt 'Leben in Freude' und mit Freuden?

Man kann davon ausgehen, daß Freude mit sich allein unbefriedigend ist, wie überhaupt der isolierte Mensch nur wenig Freude haben wird.

Wenn wir noch einmal zurückkommen auf den kurzen Bereich der philosophischen Ethik, so können wir feststellen, daß ohne Menschen nichts ist. Der Mensch ist der Mittelpunkt. Worin, müssen wir uns fragen. Zunächst einmal in seiner Welt, also nicht d e r Welt. Es ist die Welt der Mitmenschen und der Natur. Der Mensch braucht beides: Natur und Menschen. Wir sind gerade dabei, die vom Menschen geschundene Natur wieder besser zu behandeln; einfach aus dem sehr egoistischen Wissen heraus, daß wir die Natur für unser Leben brauchen. Freude zu haben und dabei Mensch und Natur auszuschließen, ist unmöglich oder nur etwas für Egozentriker, und hier auch nur für kurze Zeit.

So steht für uns neben der Natur der Mensch im Mittelpunkt. Und wir sind Mittelpunkt unserer Welt inmitten von Menschen. Wir brauchen Menschen, damit sie unsere Leistungen kaufen. Wir brauchen Menschen, damit sie für uns Leistungen erzeugen, die wir zur Bedürfnisbefriedigung benötigen. Wir brauchen aber auch Menschen, um mit ihnen Hobbies zu betreiben, konkret: Menschen, um mit ihnen zu spielen. Vor allem aber brauchen wir Menschen, um von ihnen Anerkennung zu bekommen.

Einen kleinen Teil dieser Menschen können wir dann Freunde nennen. Oft hört man, daß gerade erfolgreiche Menschen isoliert und allein sind. Es ist sicher etwas Wahres dran. Haben diese Menschen niemand, mit dem sie Freude teilen können oder die mit ihnen selbst Freude teilen wollen?

Freundschaft — die hohe Kunst des Lebens

Eine wichtige Rolle für die Entwicklung unserer Persönlichkeit spielen die Menschen, die uns begegnen und beeinflussen. Positive Einflüsse sollten wir nutzen und versuchen, zu diesen Menschen eine Freundschaft aufzubauen. Echte Freundschaft ist eine große, aber auch wunderbare Seltenheit. Als Freunde will ich hier keinesfalls die Nur-„Stammtischfreundschaften" verstanden wissen. Mit diesen „Freunden" läßt sich vielleicht gut feiern und fröhlich sein. Die Enttäuschung wird jedoch folgen, wenn sich die Substanz dieser Beziehung in Krisensituationen bewähren soll.

Eine gute Bekanntschaft ist wesentlich mehr, denn bei guten Bekannten kann ein Potential vorhanden sein, das nach entsprechender Prüfung und Bewährung auch

Freundschaften entstehen lassen kann. Was ist aber eine gute Freundschaft? Emmanuel Kant hat dazu eine wertvolle Grundüberlegung gegeben: „Handle so, daß Du die Menschheit sowohl in Deiner Person als in der Person jedes anderen jederzeit zugleich als Zweck, niemals bloß als Mittel brauchst." Viele schöne Geschichten und Zitate gibt es über die Freundschaft. So sagt z. B. Ambrosius: „Es ist ein kräftiger Trost des Lebens, einen Freund zu haben, dem man das Herz öffnen kann und der einen schützt." Damit ist aber die Frage „Was ist Freundschaft?" noch nicht beantwortet. Freundschaft ist im Gegensatz zur Liebe eine Frage der Distanz. Freundschaft ist, sich zu merken, was man bekommen hat und zu vergessen, was man gegeben hat. Das alles ist aber noch zu wenig.

Am wichtigsten ist die Frage: „Wann brauche ich einen Freund wirklich?" Wenn man über diese Thematik nachdenkt, kommt man zunächst einmal auf den Gedanken, daß man einen Freund braucht, wenn man in Not ist, und meint oft sogar nur die materielle Not.

Ich bin nicht dieser Meinung. Die Not hat zwar einen Stellenwert, auch in der Freundschaft, aber nicht den obersten. Das würde nämlich bedeuten, daß man von dieser Freundschaft viel verlangt, vielleicht zuviel.

Auch dazu ein Satz, den man sich merken sollte: „Eine Freundschaft, von der man zu viel verlangt, leistet wenig."

Lassen Sie mich nun einige Punkte nennen, die für mich persönlich Freundschaften wichtig machen:

Nur ein echter Freund wird Ihre „Freude" mit Ihnen teilen. Wenn Sie einen großen Erfolg errungen, ein großes Ziel realisiert haben, ist es äußerst wichtig, daß jemand mit Ihnen Ihr Glück teilt. Nur im Teilen vermehrt sich das Glück. Und wenn da niemand ist, dann gibt es eine Leere, eine große Enttäuschung, die schlimmer ist, als wenn man das Ziel nicht erreicht hätte. Haben Sie schon einmal erlebt, daß Sie sich etwas leisten konnten, von dem Sie Jahre geträumt haben, diesen Erfolg dann Ihren Freunden begeistert berichten wollten, und die vermeintlichen Freunde zogen nur ein langes Gesicht? Das ist die sicherste Form einer Prüfung der Freundschaft. Bestimmt werden Sie auch sehr schnell merken, wenn jemand über Ihr Glück nur Freude vortäuschen will. Ein echter Freund wird sich mit Ihnen über Ihr Glück freuen, als ob es sein eigenes wäre. Man braucht also Freunde, wenn man große Ziele, z. B. einen Teil des Lebensziels erreicht hat.

Ziele erreicht zu haben, insbesondere dann, wenn keine weiteren Ziele vorhanden sind, ruft oftmals eine Leere hervor, die bis zur Depression führen kann. Das sind dann auch die Gründe für die sogenannte Midlife Crisis, d. h. man hat etwas Großes erreicht, das kann in der Lebensmitte zwischen 40 und 50 Jahren sein, man hat momentan keine weiteren Ziele und sieht keinen Sinn mehr im täglichen Tun und Handeln. Ich habe erlebt, daß Menschen mit echten Freunden diese Midlife Crisis besser und leichter überstanden haben. Sich die Frage stellen zu müssen „Nun, war das alles?" ist immer ein kritischer Punkt. Natürlich braucht man echte Freunde auch in Not, wobei Ihnen sicher nicht entgangen ist, daß die ersten beiden Beispiele auch eine Art Not beschreiben; nur wird in unserer Sprache Not in erster Linie als materielle Not verstanden. Aber was bedeutet schon Geld im Verhältnis zu einem Menschen, mit dem man seine Not bereden und beraten kann. Wenn das Ziel, die Begeisterung und die Kraft fehlen, ist eine Million sehr schnell weg, während echte Anteilnahme, Beratung, Motivation und Begeisterung sehr schnell wiederum Millionen bringen können. Es ist also wichtig, einen Freund zu haben, dem man alles anvertrauen kann, Freud und Leid. Erhaltenswert ist eine Freundschaft besonders dann, wenn die genannten Kriterien wenigstens in etwa vorhanden sind. Freundschaft erhält man nicht durch Sich-ständig-auf-die-Schulter-Klopfen und tägliche Besuche oder unentwegt gemeinsames Feiern. Freunde braucht man zu Notwendigkeiten auch nicht zu rufen oder zu bitten. Sie sind da, wenn sie gebraucht werden. Allein schon aus diesem Grund erfordert Freundschaft natürlich Offenheit und Vertrauen. D. h. man muß miteinander kommunizieren, vor allem aber muß man einem Freund zuhören können.

Ein weiteres: Freund ist nicht der, der nur Artigkeiten sagt. Ein Freund darf und muß manchmal auch Dinge sagen, die unangenehm oder schmerzhaft sind. Freunde, die echte Freunde sind, gehen am wenigsten sanft miteinander um. Was Freundschaft wirklich ist und bedeutet, hat Goethe am besten ausgedrückt, indem er sagt: „Einen strengen Freund an der Seite, kommt man immer schnell voran." Das Eigenartige und am wenigsten Bekannte ist aber, daß sich jeder einen guten Freund wünscht, nur wenige aber bereit sind, ein guter Freund zu sein.

Dazu wieder eine kleine Geschichte: Bei der Einweihung unserer neuen Büroräume hat Pater Ziegler aus Zürich den Festvortrag gehalten und unter anderem folgendes gesagt (Auszug): „Bevor wir diesen festlichen Saal im Schloß Thiergarten betreten haben, habe ich noch kurz mit Herrn Schmidts Mitarbeitern gesprochen. Sie saßen fröhlich da, junge Damen und nicht viel ältere Herren.

Ich fragte einen dieser Herren: 'Sind das Ihre und Ihrer Kollegen Freundinnen?' 'Nein', war die entwaffnende Antwort, 'wir sind alle verheiratet'. Nun, mir steht − in solchen Belangen unerfahren − kein Urteil zu. Aber ich möchte Ihnen allen von ganzem Herzen wünschen, daß möglichst viele Ihrer Lebenspartner auch Ihre Ehegefährten sind und daß Sie vor und nach der Hochzeit gute Freunde bleiben."

Ist es nicht oft so, daß gerade die Ehepartner zugleich diese oben angeführten Kriterien am besten erfüllen? Ich meine, wir brauchen beides: gute Ehepartner und Partner, aber auch gute Freunde.

Stellen Sie sich nun wieder Fragen:

1. *Wer sind meine echten Freunde?*
2. *Welche Menschen geben sich als meine Freunde aus und was tun sie für diese Freundschaft?*
3. *Was kann ich für echte Freunde tun?*

Ich freue mich, weil . . .

- ich einen freundlichen Brief bekam
- eine jahrzehntelange Diktatur zu Ende ging
- ich jemandem eine große Freude bereiten konnte
- ich eine Reklamation sehr gut beheben konnte
- mich jemand besonders freundlich begrüßt hat
- mir jemand ein gutes Buch schenkte
- meine Frau liebevolles Essen bereitet hat
- meine Kinder gesund sind
- meine Enkelkinder lebhaft und gesund sind
- meine vielen Tiere außergewöhnlich gut gedeihen
- ich heute ein Stutfohlen bekam
- ich von einer Jugendgruppe eine freundliche Karte bekam
- ich bei einer sehr bedeutenden Veranstaltung einen Vortrag halten darf
- ein guter Pressebericht über mein Tun erschienen ist
- ich ein Hindernis gut lösen konnte
- keine Kriege mehr zu gewinnen sind
- die Umwelt wieder besser behandelt wird
- ich Menschen durch ein Geschenk nützlich sein konnte
- ich mein Heu ohne Regen einbringen konnte
- eine Werbung besonders gut gelungen ist

- meine Mitarbeiter außergewöhnlich gute Leistungen erbracht haben
- mein Büro so schön und funktionell ist
- ich gesund bin
- ich meinen Glauben so leben kann, wie ich es für gut halte
- ich in einem Land lebe, in dem Freiheit herrscht
- wir ein schönes Familienfest hatten
- ich auf einer Pressekonferenz eine neue Biersorte, ein Ökobier mit halbem Alkoholgehalt, kennenlernen durfte
- ich heute schwerkranken Jugendlichen ein wenig helfen konnte
- ein neues Buch außergewöhnlich gut verkauft wird
- ich heute einen ausgezeichneten Vortrag erleben durfte
- ich in der Lage bin, die Freuden bewußt zu genießen.

(Auszug aus dem Erfolgsbarometer des „CollegTiming")

Leitgedanken

1. Wir sind Mittelpunkt unserer Welt inmitten von Menschen.

2. Gerade erfolgreiche Menschen sind oft isoliert und allein. Haben sie niemand, mit dem sie Freude teilen können?

3. Echte Freundschaft ist eine große, aber auch wunderbare Seltenheit.

4. Handle so, daß Du die Menschheit sowohl in Deiner Person als in der Person jedes anderen jederzeit zugleich als Zweck, niemals bloß als Mittel brauchst.

5. Es ist ein kräftiger Trost des Lebens, einen Freund zu haben, dem man das Herz öffnen kann und der einen schützt.

6. Freundschaft ist, sich zu merken, was man bekommen hat und zu vergessen, was man gegeben hat.

7. Eine Freundschaft, von der man zu viel verlangt, leistet wenig.

8. Nur ein echter Freund wird Ihre „Freude" mit Ihnen teilen.

9. Nur im Teilen vermehrt sich das Glück.

10. Es ist wichtig, einen Freund zu haben, dem man alles anvertrauen kann, Freud und Leid.

11. Freunde sind da, wenn sie gebraucht werden.

12. Freunde, die echte Freunde sind, gehen am wenigsten sanft miteinander um.

13. Einen strengen Freund an der Seite, kommt man immer schnell voran.

14. Das Eigenartige ist, daß sich jeder einen guten Freund wünscht, nur wenige aber bereit sind, ein guter Freund zu sein.

15. Wer sind meine echten Freunde? Was kann ich für sie tun?

Inspiration

„Ein wahrer Freund trägt mehr zu unserem
Glück bei als tausend Feinde zu unserem
Unglück."

(Maria Ebner-Eschenbach)

„Von allen Geschenken, die uns eine weise
Voraussicht gewährt, um das Leben völlig
beglückend zu gestalten, ist Freundschaft
das schönste."

(Epikur)

6. Kapitel

Beim Mitmenschen Freude erzeugen, aber wie?

Genauso wichtig wie selbst Freude zu haben ist, Freude zu erzeugen, weil auch dies ganz besonders reflektiert.

Der eingangs zitierte Text aus einem alten slowenischen Volkslied: „Freude am Leben heißt Freude sich geben. Wer Freude verschenkt, ist in Wirklichkeit reich" gibt schon eine recht konkrete Antwort darauf, wie man beim Mitmenschen Freude erzeugen kann.

Leicht wird es dadurch trotzdem nicht. Was empfindet der andere als Freude? Dies zu erfahren bedeutet, eine der größten Tugenden im Umgang mit Menschen zu haben, nämlich zuhören zu können. Wer kann das schon? Stehen wir nicht bei jedem, oft nur kurzen Gespräch mit Ratschlägen bereit? Ich meine, Ratschläge, die nicht durch Zuhören und Nachdenken fundiert sind, sind auch Schläge – oft sogar sehr schmerzhafte Schläge.

Oder sollte man sich beim Freude-Bereiten daran orientieren, was vier Religionsstifter fast gleichlautend gefordert haben: „Was du willst, daß dir Menschen tun, tue ihnen!"

Oder wissen wir oft selbst nicht, was wir uns wünschen, daß Menschen uns tun?

Man sieht, es ist gar nicht so leicht, den richtigen Weg zu finden. Vor allem, wenn die

Freude nicht etwas Vordergründiges sein soll, so ein wenig Manipulation um . . . . ja, um was?

Was wollen wir eigentlich erreichen mit Freude-Machen, also Freude-Bereiten?

Sehen wir uns zunächst einmal an, was wir nicht machen sollten oder was nie — auch wenn es gut gemeint ist — zur Freude führt.

Auf keinen Fall sollte man das Selbstwertgefühl und die Selbstachtung des anderen verletzen. Dies geschieht oft allein schon dadurch, daß man in gönnerhafter Weise dem anderen sagt, was er alles falsch macht, und er bräuchte ja alles nur so gut und so schön wie wir selbst machen.

In einem Arbeitskreis stellte ich einmal die Aufgabe, jeder möge sich fragen, ob und wie oft er dadurch Schaden verursacht hat. Zunächst sagte jeder ganz schnell: „Nie!"

Bei genauerem Hinführen stellte dann doch jeder fest, daß gerade zu dem Zeitpunkt bei dem anderen schlechte Stimmung entstand, als man glaubte, durch das Aufdecken seiner Fehler ihm etwas besonders Gutes getan zu haben.

Und jeder sollte sich wieder einmal fragen, wie er wohl darauf reagiert hätte, wenn man ihm einen Fehler vorgeworfen hätte. So kann man eigentlich niemanden verändern, und Freude entsteht dadurch überhaupt nicht.

Ein Goethe-Wort belegt dies wie folgt:

„Behandle die Menschen, wie sie sind – und sie werden schlechter. Behandle die Menschen, wie sie sein könnten – und sie werden besser."

Erreichen kann man eine Veränderung des anderen nur, wenn er selbst es auch will. So ist es weit wirksamer, den Menschen, den man fördern möchte, durch Fragen so zu führen, daß er selbst antworten muß und selbst die Entscheidungen trifft. Wichtig ist auch, den Menschen auf keinen Fall in seiner Würde, oder besser noch, in seiner Selbstachtung zu verletzen. Was der Mensch wirklich will, ist Anerkennung, Liebe und der Wunsch, geschätzt und geachtet zu werden.

Gestatten Sie mir ein etwas weit hergeholtes Beispiel, um zu beweisen, daß jeder Mensch – egal, welche Vergangenheit er hat – Selbstachtung hat. Auch Al Capone, der sicher zu den großen Verbrechern in der amerikanischen Kriminalgeschichte gehört, hatte so etwas wie Selbstachtung. Kurz vor seiner Hinrichtung hat er angeblich noch gesagt, die Menschen hätten ihn in seiner Liebe nicht verstanden und waren somit seiner nicht würdig. Das gleiche wissen wir ja auch von Politikern oder solchen, die sich dafür gehalten haben, aus dem Zweiten Weltkrieg.

Die Antwort auf die Frage „wie kann man Mitmenschen Freude machen?" wird also vielfältig sein. Kleine oder große Geschenke vielfältigster Art, Einladungen, Kontaktpflege und vieles mehr kann dazu zählen. Das entscheidende aber ist − und das kann jeder bei sich nachvollziehen − Anerkennung, Wertschätzung und Liebe zu bekommen. Das ist Freude und diese löst auch Dankbarkeit aus. Der größte Wunsch des Menschen ist und bleibt, bedeutend zu sein. Ihm das zu bestätigen, ist Freude-Bewirken in Vollendung. Auf die Frage, ob man das denn immer kann, antworte ich: „Ja". Wenn wir uns so viel damit beschäftigen, etwas Gutes zu finden, wie wir Aufwand betreiben, um das Gegenteil, nämlich Fehler zu suchen, werden wir auch beim Suchen nach dem Guten sehr schnell fündig werden. Oder gibt es in unserer näheren Umgebung jemand, der nicht auch etwas besonders Gutes an sich hat? Ich selbst kenne keinen. Der Dank für das Auffinden dieses Guten ist somit Freude für beide Seiten.

Verwertung:

Wem mache ich nun aus dieser Sicht eine besondere Freude?

Namen und Eigenschaften der Personen aufschreiben, die man fördern möchte.

Leitgedanken

1. Ratschläge, die nicht durch Zuhören und Nachdenken fundiert sind, sind oft sehr schmerzhafte Schläge.

2. Was Du willst, daß Dir Menschen tun, tue Ihnen.

3. Auf keinen Fall darf man das Selbstwertgefühl und die Selbstachtung des anderen verletzen. Oft geschieht dies allein schon dadurch, daß man in gönnerhafter Weise dem anderen sagt, was er alles falsch macht.

4. Jeder sollte sich einmal fragen, wie er wohl darauf reagiert hätte, wenn man ihm einen Fehler vorgeworfen hätte.

5. Behandle die Menschen, wie sie sind – und sie werden schlechter. Behandle die Menschen, wie sie sein könnten – und sie werden besser.

6. Was der Mensch wirklich will, ist Anerkennung, Liebe und der Wunsch, geschätzt und geachtet zu werden.

Inspiration

Willst Du glücklich sein im Leben, trage bei
zu andrer Glück,
denn die Freude, die wir geben, kehrt in's
eigene Herz zurück.

(Johann Wolfgang von Goethe)

7. Kapitel

Ehe und Freude

Über die Ehe zu schreiben in Verbindung mit Freude, ist sehr schwer. Nicht etwa, weil es da keine Ansatzpunkte gäbe – nein, im Gegenteil: weil es hier die allermeisten gibt. Die Ehe ist der Bereich, in dem die meiste Freude entstehen kann, weil es in ihr auch die meisten Probleme gibt. Eine Ehe ist kein Fertighaus.

Wichtigster Teil der Ehe ist – wie in vielen anderen Bereichen – die Liebe. Wenn es bei Freundschaften geheißen hat: „Freundschaft ist im Gegensatz zur Liebe die Kunst zur Distanz", so muß in der Ehe ganz natürlich das Gegenteil davon richtig sein. Daraus darf man aber nicht schließen, daß die Ehe ein Gefängnis ist und jeder nur noch für den Partner da sein muß. Die gute Ehe funktioniert am besten, wenn jeder eine eigene Persönlichkeit sein darf und beide Persönlichkeiten ein großes Ganzes darstellen. Hier gilt auch die Regel, die ich im Bereich Management anwende – und es ist sicher nicht falsch, auch in der Ehe gewisse Naturgesetze zu beachten. Diese Regel lautet: „Das Ganze (nämlich die Ehe) ist gleich der Summe beider Teile und größer als jedes Einzelteil. Da umgekehrt jeder Teil kleiner als das Ganze ist, darf also keiner der für das Ganze notwendigen Teile fehlen."

Johann Wolfgang von Goethe formuliert das so: „Es ist ein lebendiges Wesen, das in sich selbst getrennt? Sind es zwei, die sich erlesen, daß man sie als eines kennt?"

Diese Aussage bedeutet auch, daß nicht das eine stark und das andere schwach sein darf und dadurch zu Lasten des anderen einseitig profitiert.

Nachdem letzteres fast nicht möglich ist, wird es immer wieder zu Ungleichgewicht und zu Störungen kommen. Das beweist auch die Tatsache, daß es meines Wissens keine Ehe bzw. kein Ehepaar gibt, bei dem es nicht auch Schwierigkeiten und Probleme, d. h. Streitigkeiten gibt. Wenn es aber – wie in diesem Buch mehrfach dargestellt – stimmt, daß Hindernisse und Schwierigkeiten, also auch Streitigkeiten, Grundlagen für Glück und Erfolg sind, so braucht uns auch in der Ehe dieses Problem nicht zu ängstigen.

Wenn wir uns die Häufigkeit der Probleme einmal ansehen, entstehen sie oft aus kleinen Ursachen mit vielfältigen Wirkungen.

Die erste Ursache habe ich schon kurz angesprochen. Viele meinen, die Ehe ist ein Fertighaus: einmal verheiratet, Vertrag geschlossen, und wieder ist ein sogenannter neuer Lebensabschnitt vollzogen und abgeschlossen. Man glaubt alles getan zu haben, um diesen Partner zu bekommen, nun hat man ihn und freut sich darüber. Im „Werben" um diesen Partner hat man sogar unangenehme Eigenschaften zurückgehalten und nur Schönes und Gutes getan, um sein Ziel zu erreichen (man hat gebalzt). Nachdem es erreicht ist, kann man also wieder ganz „Ich" sein. Bestätigt wird das auch durch sogenannte Brautreden, wie z. B.: „Liebes Brautpaar, nun dürfen Sie zum ersten Mal das besitzergreifende Vorwort 'mein' verwenden. 'Meine' Frau, 'mein' Mann . . . ."

Ich habe mir darüber sehr viele Gedanken gemacht und meine, daß dies für viele schon eine Tatsache darstellt, für die man nun nichts mehr tun muß. Das ist jedoch falsch.

Gerade aus den erwähnten Gründen muß man täglich etwas für die Ehe tun; einmal, um die Schwächen des anderen zu verstehen, aber auch um seine eigenen Schwächen selbst zu verbessern. Dieses Tun führt ganz sicher auch zur Freude.

Ein Beispiel: Im Berufsleben wird oft viel verlangt. Mittelmäßigkeit ist nicht gefragt. So kann es passieren, daß einer der beiden Partner überproportional gefordert wird, länger ausgeblieben ist als angenommen, und auch etwas erschöpft nach Hause kommt. Braucht dieser Teil nicht gerade dann Verständnis und Liebe, wo er oft nur Vorwürfe bekommt und dadurch noch erschöpfter wird? Doch oft werden gerade dann Mittel eingesetzt, die nur aus Eifersucht – und zwar vollkommen ungerechtfertigter Eifersucht – entstehen. Wenn ein Mensch ständig der Untreue verdächtigt wird, spielt es für ihn dann noch eine große Rolle, auch untreu zu sein? Hier gilt es, die Kunst zu üben, sich in die Situation des anderen zu versetzen. Kann es denn nicht auch sein, daß man eventuell schon sehr bald selbst das „Verständnis" seines Partners braucht?

Wenn es in allen Bereichen immer wieder heißt: „Das Größte aber ist die Liebe", muß dies besonders in der Ehe gelten. Nirgendwo kann man wahre Liebe mehr und besser beweisen als gerade in der Ehe.

Die Ehe ist von Anfang an so ausgelegt, daß sie für ein ganzes Leben halten soll, auch und ganz besonders wegen der Kinder. Ehepaare kann man eventuell scheiden, Eltern nicht. Und hier beginnt auch schon die Erziehung. Pestalozzi hat dazu gesagt: „Erziehung ist Liebe und Vorbild." Es ist gut, wenn wir sagen können "Tue, was ich tue" und nicht, wie man das wesentlich öfter, auch im Bereich der Führung, erleben muß: „Tue, was ich sage und nicht, was ich tue".

Goethe sagt dazu: „Vorbild ist nicht etwa eine Möglichkeit, Menschen zu beeinflussen, es ist die einzige." Dies gilt für die Erziehung wie für die Partnerschaft in der Ehe.

131

Wichtigster Bereich ist wohl auch hier die Zuverlässigkeit, d. h. man muß sich auf seinen Ehepartner verlassen können.

Ein Lied aus einer Operette von Franz Lehar sagt etwas aus, das mir sehr gut gefällt. Es heißt: „Hab ich nur deine Liebe, die Treue brauch ich nicht." Ich meine, wo wahre, echte Liebe ist, ist die Treue das selbstverständlichste Ding der Welt.

Im Bereich der Ehe und Partnerschaft sind die Chancen am größten, Freude zu erzeugen, und zwar auf die vielfältigste Art. Dazu zwei Aussagen eines großen Heiligen, der alles im Leben durchlebt und durchlitten hat. Es ist der Heilige Augustinus, der sagt: „Wer kränkt, macht krank." Machen wir eventuell auch manchmal krank, indem wir uns zu sehr von Emotionen statt von Liebe leiten lassen? Der Kirchenvater Augustin sagt aber noch etwas: „Die Seele nährt sich von dem, woran sie sich erfreut." Er stellt also auch die Freude in den Mittelpunkt. Die beste Möglichkeit, in der Ehe Freude zu erzeugen ist, ganz anders zu reagieren als dies eventuell üblich ist: Verständnis statt Vorwürfe, Dank statt Ansprüche, Liebe statt Streit, Verwöhnen statt Stillschweigen, Zuhören statt Verurteilen, Zuneigung zeigen statt Strafen, in welcher Form auch immer. Praktizierte Liebe statt der Gefahr des Zerwürfnisses − dies umso mehr, als es meistens überhaupt keinen Grund dafür gibt.

Daß dies nicht immer einfach ist, braucht nicht erwähnt zu werden. Doch was besonders leicht ist, ist auch meist nicht sehr viel wert. Die Ehe ist aber sehr viel wert. Aus der Sicht der christlichen Ethik muß ich mich dann ganz besonders für meinen Partner einsetzen, wenn er in Not ist und mich braucht. Leider wird es oft umgekehrt praktiziert oder gar empfohlen, den Partner abzuschieben, wenn er stört.

Ob man in der Ehe auch wirklich streiten darf? Wer glaubt, durch Stillschweigen Harmonie zu erzeugen, der irrt. Unterschiedliche Ziele und Vorstellungen sollten durchaus offen und in klaren Worten ausgetragen werden. Kluge Leute werden dann immer einen gemeinsamen Weg finden – und was gibt es Schöneres, als die erfrischende und belebende Luft nach einem Gewitter zu genießen?

Das alles geht umso besser und leichter, und man kommt schneller zu einem guten Ergebnis, wenn man sich von Zeit zu Zeit über die gemeinsamen, aber auch die getrennten Ziele (nicht trennenden Ziele) unterhält, also auch gemeinsam plant. Das ist dann Kommunikation in Vollendung. Vielleicht klingt das Wort Kommunikation im Bereich der Ehe ein wenig hart oder formal, aber trotzdem ist es gut und wichtig, denn auch in der Ehe gibt es das Problem immer wieder, daß man zu viel voraussetzt. Vielleicht kann man das Wort Kommunikation mit Gedankenaustausch und Information ersetzen. Oder sagen wir schlicht und einfach: „Wir müssen viel miteinander reden." Nicht zu reden, sich auszuschweigen, wäre wohl das Schlechteste. Trotzdem ist Kommunikation das geeignetere Wort für die Erläuterung. Kommunikation ist eben Austausch von Ideen und Gedanken durch Sprache, Mimik und Gestik. Dies bewirkt Gemeinsamkeit, Anerkennung und Wertschätzung, vor allem aber Verständigung. Auch wenn wir nicht kommunizieren oder glauben, nicht zu kommunizieren, indem wir nichts sagen, kommunizieren wir eben doch − aber nur schlecht (nun hat ein wenig der Managementdozent gesprochen). Fragen wir uns also: Was muß das Ziel unseres Verhaltens sein, um eine gut funktionierende Ehe zu führen?

Ich meine, wir sollten unser Verhalten so ausrichten, daß der Ehepartner immer das Gefühl haben kann, daß er bei aller Problematik sich keinen Besseren / keine Bessere als Partner vorstellen könnte. Auch ich sage immer wieder: „Viele Probleme hatte und habe ich mit meiner Frau, aber tauschen würde ich sie mit keiner."

Doch nun kommt das Entscheidende: Gibt es jemanden, der besser in der Lage wäre, große und gute Erfolge zu teilen, als den

Ehepartner? Denn Glück und Erfolg ist nur multiplizierbar, wenn man es teilen kann.

Fassen wir zusammen: Wenn wir festgestellt haben, daß es nicht Gott ist, der uns straft, sondern die Menschen es sind, die sich strafen, so ist das doch die höchste Chance für ein besseres Miteinander. Statt zu strafen sollten wir versuchen, Freude zu bereiten. Und Freude sollte immer in Verbindung stehen mit Dank − ganz besonders in der Ehe. Das Wort 'danken' kommt von der Wortschöpfung her vom Denken, und ich meine, wer nicht danken kann, wird auch bald keinen Grund mehr haben, es tun zu müssen.

Dieses Kapitel möchte ich mit einer kleinen Geschichte von B. Hans Wallhoff, aus einem Heft aus dem Lahn-Verlag in Limburg, das mit „Danke" überschrieben ist, abschließen. Dort heißt es: „Bei einem Gastmahl: Eines Tages verfiel das höchste Wesen auf den Gedanken, ein großes Gastmahl in seinen azurnen Prunkgemächern zu geben. Es lud Tugenden dazu ein, lauter Tugenden . . . Männer bat es nicht zu sich, nur Damen. Es kamen sehr viele, große und kleine Tugenden. Die kleinen waren angenehmer und liebenswürdiger als die großen; aber alle schienen zufrieden zu sein und unterhielten sich höflich, wie sich das unter nahen Verwandten und Bekannten ja auch gehört. Doch dann bemerkte das höchste Wesen zwei wunderschöne Damen, die sich offenbar noch gar nicht kannten. Der Hausherr nahm eine der Damen an der Hand und führte sie zur anderen. 'Die Wohltätigkeit!' sagte er und zeigte auf die erste. 'Die Dankbarkeit' fügte er hinzu und zeigte auf die zweite. Beide Tugenden waren unsagbar erstaunt. Solange die Welt bestand – und sie bestand seit langem – begegneten sie einander zum ersten Mal."

Das schrieb im Dezember 1878, also vor über 110 Jahren, Iwan Sergejewitsch Turgenjew. Hat sich viel geändert seither? Vielleicht würde heute die Dankbarkeit gar nicht erst eingeladen, man übersähe sie geflissentlich, so unscheinbar ist sie geworden. Diese Tugend fristet ein Winkeldasein, eingehüllt in die Schatten der Vergessenheit und alleingelassen im dumpfen Keller. Die Dankbarkeit ins Licht zu führen und zur täglichen Gefährtin zu machen, ist Anliegen dieses Textes."

Und nun sollten wir uns wieder einige Fragen stellen:

- *Gibt es etwas Versäumtes nachzuholen? Dank verblüfft immer.*
- *Wann und wie werde ich meiner Partnerin / meinem Partner eine Freude machen?*

In diesem Kapitel kommt sicher der Buchtitel besonders zur Geltung: „Freude ist die vollendetste Form der Dankbarkeit". Freuen wir uns über alles Schöne und Gute, über alles, was wir gemeinsam erlebt haben, vom Kennenlernen bis zur Heirat, die gemeinsamen Kinder, die vielen Urlaube, vor allem aber über das tägliche Zusammensein. Freude verpflichtet zum Dank — und Dank bedeutet Freude.

Leitgedanken

1. Die Ehe ist der Bereich, in dem die meiste Freude entstehen kann, weil es in ihr auch die meisten Probleme gibt.

2. Die gute Ehe funktioniert am besten, wenn jeder eine eigene Persönlichkeit sein darf und beide Persönlichkeiten ein großes Ganzes darstellen.

3. Es ist ein lebendiges Wesen, das in sich selbst getrennt? Sind es zwei, die sich erlesen, daß man sie als eines kennt?

4. Man muß täglich etwas für die Ehe tun; einmal, um die Schwächen des anderen zu verstehen, aber auch, um seine eigenen Schwächen selbst zu verbessern.

5. Wenn es heißt: „Das Größte aber ist die Liebe", so muß dies besonders in der Ehe gelten.

6. Erziehung ist Liebe und Vorbild.

7. Wir müssen sagen: „Tue, was ich tue" und nicht: „Tue, was ich sage und nicht, was ich tue."

8. Vorbild ist nicht etwa eine Möglichkeit, Menschen zu beeinflussen, es ist die einzige.

9. Wer kränkt, macht krank.

10. Die Seele nährt sich von dem, woran sie sich erfreut.

11. Wer glaubt, durch Stillschweigen Harmonie zu erzeugen, der irrt. Unterschiedliche Ziele und Vorstellungen sollten in klaren Worten ausgetragen werden.

12. Nicht zu reden, sich auszuschweigen, wäre wohl das Schlechteste.

13. Glück und Erfolg ist nur multiplizierbar, wenn man es teilen kann.

14. Statt zu strafen sollten wir versuchen, Freude zu bereiten.

15. Wer nicht danken kann, wird auch bald keinen Grund mehr haben, es tun zu müssen.

16. Freude verpflichtet zum Dank – und Dank bedeutet Freude.

Inspiration

„Nichts ist verloren für einen Menschen,
wenn er eine große Liebe oder eine wahre
Freundschaft lebt. Aber alles ist verloren
für den, der allein ist. Nur wer liebend aus
dem Kreis des Ichs heraustritt zu einem Du,
findet das Tor zum Geheimnis des Seins."

(Gabriel Marcel)

„Worüber ich mich freue:
Ich habe eine Heimat und teile sie mit Dir.
Ich habe ein Heim und teile es mit Dir.
Ich habe einen Beruf, der mich zufrieden
macht, und ich teile mit Dir.
Ich habe ein Hobby und teile mit Dir.
Ich habe einen Glauben und teile mit Dir.
Ich habe Hoffnung und teile mit Dir.
Ich habe Liebe und teile mit Dir.
Ich habe Freude und teile mit Dir.
Glück und Erfolg und die daraus resultie-
rende Freude multipliziert sich, indem man
es teilt."

8. Kapitel

Freude und Beruf

Einen großen Teil unseres Lebens – und somit der uns zur Verfügung stehenden Zeit – nimmt unser Beruf in Anspruch. Das ist ganz normal und gut so. In unserem Beruf können wir – auch wieder bezogen auf die philosophische Ethik – ganz besonders unseren Mitmenschen helfen, also dienen, und somit verdienen.

Wichtigster Punkt in diesem Bereich ist unsere Begabung. Jeder Mensch wird im Leben so erfolgreich sein, wie es ihm gelingt, seine Begabung zu verwerten. In der Sprache der Wirtschaft drücken wir das so aus: „Wir müssen das, was wir können und was der Markt (= Mensch) wünscht, in Einklang bringen. Der unterschiedliche Erfolg liegt im unterschiedlichen Vorgehen (= Management)."

Wie sieht es aber im Beruf mit der Freude aus? Ist in einer Welt der Hektik überhaupt Freude möglich? Es ist eigenartig, daß ich mit einem Zitat, das eher nur die Schwierigkeit aufzeigen soll, am häufigsten zitiert werde. Es lautet: „Operative Hektik ist Zeichen geistiger Windstille." Ist da Freude überhaupt gefragt? Wenn es in Diskussionen in bestimmten Kreisen um die freie und soziale Marktwirtschaft geht, hört man

Worte wie „reine Leistungsgesellschaft", „Unmenschlichkeit", „Streß" u. v. m. Wird über Management gesprochen, hört man von „Härte", „Technokratie", „rein mechanischem Umgang in allen Bereichen", usw. Wo kann da von Freude gesprochen werden?

Um das zu beantworten, muß man zweierlei bedenken:

1. Wenn dies in manchen Unternehmen Realität ist, so bringt das Probleme und Schwierigkeiten von enormer Tragweite. Denn unter permanentem Druck und ständiger Überbeanspruchung sind noch nie Superleistungen entstanden. Druck und auch Streß wird es immer wieder einmal kurzzeitig geben, jedoch dürfen sie nicht von Dauer sein. Hindernisse, so haben wir mehrfach gehört, sind aber Grundlagen für den Erfolg, weil veränderbar und somit Grundlagen zur Freude.

2. Operative Hektik mit all den Problemen, die dazu gehören und davon ausgehen, muß nicht sein. Im Bereich der Arbeitsökonomie gibt es viele Möglichkeiten, die zeigen, daß Hektik und Streß wirklich jedermanns Privatvergnügen sind und nicht vorhanden sein müßten. Wenn sinnvoll erkannte Arbeitsökonomie nicht eingesetzt wird, dann häufig deshalb, weil wir Menschen zu sehr von unseren

Gewohnheiten geprägt und nicht bereit sind, Veränderungen – also Verbesserungen – anzunehmen. Nietzsche drückt das so aus: „Der Mensch ist ein mittelmäßiger Egoist: selbst der Klügste, nimmt seine Gewohnheiten wichtiger als seine Vorteile."

Weil das so ist, entsteht wiederum in diesem Bereich die enorme Chance, Freude zu erreichen.

Aus einer Diplomarbeit über das Managementmodell „UnternehmerEnergie" ging durch eine repräsentative Umfrage bei Anwendern dieses Modells hervor, wie sehr die Arbeitsökonomie verbessert werden kann. Hier nur eine Aussage von 30 Ergebnissen, die speziell diesen Bereich betrifft:

Verbesserung der eigenen Arbeitsleistung?
Ja 58,9 %   Teilweise 35,6 %   Nein 5,5 %

Was dies bedeutet, kann man nur abschätzen, wenn man weiß, wieviel Zeit durch unvernünftige oder nicht vorhandene Arbeitsökonomie verbraucht wird. Können Sie sich vorstellen, welche Freude, auch Dankbarkeit, dadurch entsteht? Gerade im Bereich der richtigen, ausgewogenen Arbeitsökonomie wird der Teil, den ich gern Humankapital nenne, besonders wirksam. Arbeitsökonomie heißt, mit dem geringsten materiellen Aufwand unsere Ziele zu erreichen.

Was sind aber unsere Ziele? Können Sie in wenigen Sätzen Ihre Ziele nennen (auch der Unternehmer für sein Unternehmen)? Wenn nicht, ist Arbeitsökonomie nur ein schönes Wort. Alle Probleme, die wir haben, können oder müssen verändert und sollten nicht bejammert werden. Auch die häufig so bezeichnete „grausame Arbeitswelt" kann verändert werden. Gerade im Unternehmen muß aus jedem Problem ein Lernprozeß entstehen, und dieser Lernprozeß ermöglicht es, permanente Verbesserung herbeizuführen. Ohne Ziel ist dies nicht oder nur schwer möglich.

1. *Was tue ich, um dieses Problem zu verändern? (Maßnahmen einleiten)*
2. *Welche Mittel setze ich dafür ein? (Mittel sind, wenn sie gut sind, Erfolgsfaktoren; sind sie schlecht, sind das Mißerfolgsfaktoren)*
3. *Wann werde ich die Maßnahmen einleiten? (konkreten Zeit- oder Projektplan erstellen)*
4. *Was bedeutet mir die Veränderung, wie verwerte ich den Erfolg?*

Freude und Dankbarkeit, die aus dieser sehr vereinfacht dargestellten Vorgehensweise entstehen, sind sicher eine gute Grundlage für weitere Erfolge und somit weitere Freude. Bietet sich dadurch nicht ein Mehr an Erfolgen und somit Freude an?

Das Gegenteil davon ist zu sagen: „Bei uns oder bei mir geht das nicht. Natürlich sind die vier Punkte nur ein winzig kleiner Teil einer vernünftigen Arbeitsökonomie. Wichtig jedoch ist es, aus eingefahrenen Bahnen und verkrusteten Strukturen einmal auszubrechen und alle Probleme als solche zunächst zu akzeptieren, aber von nun an daraus zu lernen und zu verändern, so nach dem Motto: „Mach dir den Tag doch niemals schwerer; ist er nicht Freund, so ist er Lehrer." So kann man auch hier wieder sagen: je größer die Probleme, desto größer die Chance der Veränderung zum Guten, desto größer die Chance zur Freude. Wenn wir diese unbestreitbare Tatsache täglich in allen uns wichtigen Bereichen praktizieren, wird eine ständige Optimierung in all unseren Lebensbereichen eintreten.

Welche für Sie die wichtigsten Bereiche sind, können nur Sie bestimmen.

Die Wirkung möchte ich verdeutlichen mit einem Beispiel von Justus von Liebig:

Stellen Sie sich ein Faß vor mit unterschiedlich hohen Dauben (also vielen Brettern, die, aneinandergesetzt, ein Faß bilden). Das Faß faßt immer so viel Flüssigkeit, wie die kürzeste Daube hoch ist. Verändern wir diese Daube und machen sie so hoch wie das ganze Faß, bringt auch diese Daube nur so viel die nächsthöhere Daube usw.

Bringen wir so die leicht erkennbaren wirksamen Schwachpunkte nacheinander in Ordnung, kommen wir zu einem Idealzustand; und diesen gilt es eben in allen Bereichen des Lebens, auch des Unternehmens, anzustreben. Freuen sollten wir uns aber nicht nur über den Idealzustand, sondern über alle geringen Verbesserungen, die wir auch als geplante Evolution bezeichnen können. Verwenden Sie dafür zunächst die einfachen Hilfsmittel im Anhang.

Erarbeiten Sie sich nun eine Liste von Bereichen, über die Sie sich freuen können und seien Sie dafür auch dankbar. Fragen Sie sich, wem Sie dankbar sein müssen und möchten. Erarbeiten Sie sich aber auch eine Liste über die Bereiche, über die Sie sich noch nicht freuen können und versuchen Sie, diese zu verändern. Denken Sie dabei immer an zwei wesentliche Sätze aus diesem Buch, nämlich: „Ich weiß nicht, ob immer alles besser wird, wenn ich etwas verändere. Ich weiß aber sehr wohl, daß ich verändern muß, wenn ich verbessern will." Und der zweite Satz lautet: „Freude am Leben heißt Freude sich geben. Wer Freude verschenkt, ist in Wirklichkeit reich."

Wem mache ich jetzt sofort eine Freude?

Welche Konsequenzen ziehe ich aus den hier erhaltenen Denkanstößen?

Lebensplanung im Unternehmen und Management

Der weise Konfuzius hat einmal festgestellt: „Es gibt drei grundlegende Wege, erfolgreich zu sein. Der erste ist, wir denken gründlich nach; das ist das Edelste. Der zweite ist, wir machen alles nach; das ist das Einfachste. Und der dritte ist, wir sammeln Erfahrungen; das ist das Bitterste." Könnte man diese drei Handlungsweisen nicht sinnvoll vor unseren Lebensplan stellen?

Wird das erste, nämlich gründlich nachzudenken, nicht viel zu selten gemacht? Warum wohl schreibt Konfuzius, daß dies das Edelste ist? In meinen Seminaren für Management fordere ich ständig und immer wieder: Vorbereitungszeit verdoppeln, um so die Ausführungszeit reduzieren zu können.

Wäre diese Forderung nicht ohnehin für unser Leben von allergrößter Bedeutung? Wir denken gründlich nach; das ist das Edelste – also über unseren Lebensweg, nach vorn, nachdenken (vordenken).

Das zweite, wir machen alles nach; das ist das Einfachste. Wo bleibt da die Individualität, das Sich-von-anderen-Unterscheiden, das Ich-sein-Wollen und Ich-sein-Können? Dieser einfachste Weg ist sicher kein Weg, Freude zu haben.

Und das dritte, wir sammeln Erfahrungen; das ist das Bitterste. Nie werden wir im Leben ohne Erfahrungen auskommen. Immer wieder werden wir auch bittere Erfahrungen machen müssen, aus denen wir lernen können. Doch aus den bitteren Erfahrungen muß ein Lernprozeß entstehen. Das dient auch wieder der Freude, nämlich der Freude der Verbesserung. Aber immer und in allen Bereichen nur Erfahrungen zu sammeln, damit kann man ein Leben verbringen, ohne je richtig gelebt zu haben. Aus diesem Grund ist eine Lebensplanung äußerst entscheidend.

Manager, Unternehmer und Führungskräfte wissen, daß sie Unternehmensziele brauchen und Unternehmensplanung betreiben müssen, da ihr Erfolg wesentlich davon abhängt. Gewinn, Prestige, Gehalt, Investition und Innovation sind Bereiche, die nur dann gut funktionieren, wenn sie gut geplant sind. Und es ist heute mit Sicherheit kein Geheimnis mehr, daß Erfolge dann eintreten, wenn wir sie mit konkreten Plänen anstreben. Pläne im Unternehmen sind auch Mittel der Kommunikation.

Nun ist aber das nur der halbe Teil unseres Lebens. Genauso wichtig ist es, das Private ein wenig zu planen. Das heißt noch lange nicht, Methodismus zu betreiben, indem man alles und jedes und jeden Schritt aufschreibt. Private Lebensplanung bedeutet, sich einmal zu fragen, wo man in einem ganz bestimmten Alter stehen möchte, welchen Ruf, welches Image man gerne hätte, was die Leute über einen sagen sollten, wenn man einmal nicht mehr ist. Natürlich kann man auch sagen: „Wenn ich nicht mehr lebe, dann ist es mir egal, was die Leute über mich sagen. Nach mir die Sintflut." Sagen kann man das schon. Aber unser Leben ist ja letztendlich das Ziel, also das Ziel auch bis zu unserem Tod.

Spätestens hier werden wir wieder Gott begegnen. Nur wäre es schade, wenn dies erst am Ende wäre. Ist es nicht viel besser, mit Gott gemeinsam den Lebensweg zu gehen? Ist es nicht nachdenkenswert und gut, sich einmal die Frage zu stellen: Kann man den Lebensweg alleine gehen oder braucht man nicht doch jemand, der einem den Weg zum Ziel zeigt? Man kann auch sagen, der Weg ist das Ziel.

Es ist sicher sinnvoll, die beiden großen Bereiche, privates Leben und berufliches Leben, erstens unter den Schutz Gottes zu stellen, aber auch beide Bereiche entsprechend zu planen. Denn nur beide Bereiche zusammen ergeben die Symbiose, die einen echten Erfolg ausmachen kann. So hängen die Leistungsfähigkeit und der Berufserfolg von Unternehmern und Führungskräften weitgehend auch von der Qualität ihrer Ehe und Familie, also dem privaten Bereich, ab.

Es ist eine bekannte Tatsache, daß sehr viele Management- und Führungspositionen heute viel schwieriger auszufüllen sind als noch vor dreißig oder vierzig Jahren. Es gibt eine Menge von medizinischen Arbeiten, in denen eine exakte Wechselwirkung zwischen lebensbedrohenden Krankheiten — und hier ganz besonders im Bereich der Herzkrankheiten — und beruflichen Überlastungen bewiesen wird. Es existiert eine interessante Studie von Ärzten des Genfer Universitätskrankenhauses über „Herzinfarktanfälligkeiten von Männern im Alter von 32 bis 45 Jahren". Sicher ist das nichts Neues, das weiß man schon lange. Interessant ist nur, was die Autoren fanden: Alle diese Männer hatten weder einen erhöhten Blutdruck noch einen erhöhten Cholesterinspiegel, keiner hatte Übergewicht, sie waren auch nicht erblich mit Herzinfarkt disponiert. Aber alle diese Männer hatten berufliche oder familiäre Spannungen. Alle waren unfähig zu träumen, unfähig zur Muße, Ruhe und Entspannung. Alle waren auf der Flucht in vorwiegend berufliche Überaktivitäten, die meisten waren starke Raucher. (Auszug aus einem Bericht aus „Geschäftsmann & Christ", von Dr. Siegfried Buchholz).

Ist es nicht gut angelegte Zeit, sich einmal hinzusetzen, eine Stunde oder einen Tag, am Jahresende meinetwegen sogar drei Tage, um das Leben ein wenig vorzubereiten? Sich mit seinem Ehepartner oder / und seinen Kindern auseinanderzusetzen und sich die Frage zu stellen: „Was wollen wir eigentlich und wie erreichen wir es?"

Auch hier würden eine sinnvolle Arbeitsökonomie und der richtige Umgang mit Menschen im Unternehmen viele Zeiteinsparungen oder Freiräume für die Familie möglich machen.

Dazu ist es nun einmal wichtig, daß wir auch ein gewisses Gottvertrauen haben und nicht glauben, im Beruf nur mit 12 oder 14 Stunden Tagesleistung vorwärtszukommen. Ich meine, daß uns Gott so viel gibt, wie wir ihm zutrauen, daß er uns geben kann.

Dazu gibt es eine wunderschöne Geschichte:

Spuren im Sand

„Ein Mann ist gestorben und kam nach seinem Tod in den Himmel. Dort empfing ihn der liebe Gott und sagte zu ihm: 'Du warst ein ordentlicher Mann, hast im Leben viel erreicht, hast vieles durchgemacht, hast aber nie − egal was Du erlitten hast − etwas Schlimmes oder besonders Schlechtes getan. Nun hast Du einen Wunsch frei. Was möchtest Du, daß ich Dir zeige?'

Darauf sagte der Mann: 'Ich möchte noch einmal auf mein Leben zurückblicken, um zu sehen, wie es letztendlich war, wie schön, aber auch wie schwer.'

Der liebe Gott antwortete darauf: 'Diesen Wunsch will ich Dir gern erfüllen.' Er zeigte ihm ein großes Wüstengebiet und − so weit der Himmel reichte − Sand, nichts als Sand. Und in diesem Sand sah er Fußspuren als den Weg, den er im Leben gegangen war. Die Spuren gingen kreuz und quer, aber doch immer wieder in die richtige Richtung. Neben diesen Spuren sah er eine zweite Spur. Da fragte er den lieben Gott, woher denn die zweite Spur sei. Darauf antwortete ihm Gott: 'Das bin ich. Ich habe Dich begleitet.' Dann stellte der Mann fest, daß es große Abweichungen gab. Es ging kreuz und quer, manchmal sogar rückwärts. Aber bei diesen Abweichungen hat er immer nur eine Spur gesehen, nämlich seine eigene. Da fragte der Mann den lieben Gott: 'Und wo warst Du, als es mir schlecht ging, als ich meine Frau verloren habe, als ich große Probleme in meinem Leben hatte? Wo warst Du da?' Da antwortete Gott: 'Du siehst hier in der Tat nur eine Spur und zwar deshalb, weil ich Dich da getragen habe'.' "

Eine Fabel, eine Geschichte − zugegeben. Aber es gibt sicher noch tausend Beispiele dazu.

Leitgedanken

1. Wir müssen das, was wir können und was der Markt wünscht, in Einklang bringen. Der unterschiedliche Erfolg liegt im unterschiedlichen Vorgehen.

2. Operative Hektik ist Zeichen geistiger Windstille.

3. Unter permanentem Druck und ständiger Überbeanspruchung sind noch nie Superleistungen entstanden.

4. Operative Hektik muß nicht sein.

5. Der Mensch ist ein mittelmäßiger Egoist: selbst der Klügste, nimmt seine Gewohnheiten wichtiger als seine Vorteile.

6. Arbeitsökonomie heißt, mit dem geringsten materiellen Aufwand unsere Ziele zu erreichen.

7. Im Unternehmen muß aus jedem Problem ein Lernprozeß entstehen, und dieser Lernprozeß ermöglicht es, permanente Verbesserung herbeizuführen.

8. Was tue ich, um das Problem zu verändern? Was bedeutet mir die Veränderung und wie verwerte ich den Erfolg?

9. Wichtig ist es, aus eingefahrenen Bah-

nen und verkrusteten Strukturen einmal auszubrechen und alle Probleme als solche zunächst zu akzeptieren, aber von nun an daraus zu lernen und zu verändern.

10. Mach Dir den Tag doch niemals schwerer; ist er nicht Freund, so ist er Lehrer.

11. Freuen sollten wir uns nicht nur über den Idealzustand, sondern über alle geringen Verbesserungen.

12. Es gibt drei grundlegende Wege, erfolgreich zu sein: Der erste ist, wir denken gründlich nach; das ist das Edelste. Der zweite ist, wir machen alles nach; das ist das Leichteste. Und der dritte ist, wir sammeln Erfahrungen; das ist das Bitterste.

13. Vorbereitungszeit verdoppeln, um so die Ausführungszeit zu reduzieren.

14. Immer wieder werden wir im Leben auch bittere Erfahrungen machen müssen, aus denen wir lernen können. Aber immer nur Erfahrungen zu sammeln, damit kann man ein Leben verbringen, ohne je richtig gelebt zu haben. Aus diesem Grund ist eine Lebensplanung äußerst entscheidend.

15. Erfolge treten dann ein, wenn wir sie mit konkreten Plänen anstreben.

16. Private Lebensplanung bedeutet, sich einmal zu fragen, wo man in einem ganz bestimmten Alter stehen möchte.

17. Nur die beiden Bereiche privates und berufliches Leben ergeben die Symbiose, die einen echten Erfolg ausmachen kann. Leistungsfähigkeit und Berufserfolg hängen weitgehend von der Qualität des privaten Bereichs ab.

18. Es ist eine gut angelegte Zeit, sich einmal die Frage zu stellen: „Was wollen wir eigentlich und wie erreichen wir es?"

19. Gott gibt so viel, wie wir ihm zutrauen, daß er uns geben kann.

Inspiration

Nur der hat den rechten Vorteil im Auge, der auch den Vorteil des anderen mit bedenkt

Eines Tages forderte mich ein Unternehmer auf, in seinem Unternehmen ein Seminar für Führungskräfte zu halten und zwar mit der Bitte, all meine Geschichten, die ich in den Seminaren erzähle, seinen Mitarbeitern ebenfalls zu erzählen, aber ganz besonders jene über die beiden Bergbauern. Sie lautet:

„Zwei Brüder hatten einen Bergbauernhof hoch oben in den Bergen. Von den beiden Brüdern war einer verheiratet und hatte drei Kinder, während der andere ledig war. Sie waren arme Bauern, und der Hof gehörte ihnen zu zweit. Sie hatten aber auch ein Grundstück im Tal, relativ groß, das ihnen ihr Haupteinkommen für das ganze Jahr sicherte. Zu diesem Grundstück gehörte auch eine Scheune. Auf diesem Feld bauten sie Flachs an. Im Herbst, wenn die Zeit gekommen war, gingen die beiden Brüder zusammen ins Tal, um dann den Flachs zu ernten.

Wieder einmal war im Herbst der Flachs reif, und die beiden Brüder gingen in das Tal, um die Ernte einzubringen. Sie arbeiteten den ganzen Tag und teilten den Flachs redlich. Jeder bekam gleich viel Garben, und so entstanden zwei große Haufen von gebündeltem Flachs.

Am Abend legten sich die beiden Brüder nieder, um sich von den Mühen des Tages auszuruhen und zu schlafen. Nach einer Weile erwachte der Bruder, der ledig war und dachte: 'Es ist unrecht, daß ich genauso viel genommen habe wie mein Bruder. Mein Bruder ist verheiratet, hat eine Frau und drei Kinder zu ernähren, während ich niemand zu ernähren habe. Und trotzdem habe ich genauso viel genommen wie mein Bruder.' Er stand auf, nahm einen Teil der Garben und legte sie auf den Haufen seines Bruders. Danach legte er sich wieder hin und schlief den Schlaf des Gerechten.

Nach einer Weile erwachte sein Bruder und dachte ähnlich. 'Es war nicht recht, daß ich genauso viel genommen habe wie mein Bruder. Ich habe drei Kinder, sie werden mich später einmal ernähren. Mein Bruder hat niemand, der ihn später einmal ernähren wird. Es war also nicht recht, daß ich genauso viel genommen habe wie er.' Und er stand auf und trug einen Teil der Garben auf den Haufen seines Bruders. Danach legte er sich wieder hin und schlief genau wie sein Bruder.

Am Morgen, als beide erwachten, waren sie unsagbar erstaunt. Obwohl sie doch wußten, daß sie einen Teil ihrer Garben auf den Haufen des Bruders gelegt hatten, waren beide Haufen gleich groß.

Wieder arbeiteten sie den ganzen Tag, und sie teilten wie am Tag zuvor. Jeder bekam gleich viel. Am Abend legten sie sich wieder hin, um sich von den Mühen des Tages auszuruhen. Sie schliefen bald ein. Nur erwachten sie diesmal beide zur gleichen Zeit und hegten die gleichen Gedanken wie in der Nacht zuvor. Jeder versuchte nun wieder, seinem Bruder einen Teil der Garben zuzutragen, doch diesmal gleichzeitig. So begegneten sie sich, als sie die Garben hin und her trugen. Beide erzählten sich ihre Geschichte, umarmten sich und waren glücklich über ihre Einstellung."

Gibt es einen größeren Grund, sich zu freuen?

Schlußwort

Freude entsteht auch durch Erfolge-sicht-bar-Machen

Im Zeitplanbuch „CollegTiming" gibt es ein Erfolgsbarometer. In dieses wird eingetragen, wie der Tag war: sehr gut, gut, befriedigend oder unbefriedigend; getrennt zwischen persönlichen und beruflichen Bereichen. Das ist eine ausgezeichnete Möglichkeit, Erfolge bewußtzumachen. Genauso wichtig ist es zu sehen, was nicht gut lief, damit so die Chance der Verbesserung entsteht. Außerdem zeigt das Erfolgsbarometer täglich auf, wo wir unsere Begabungen haben. Immer werden wir in den Bereichen mehr Erfolg haben, in denen wir begabt sind. Begabung zeigt sich unter anderem auch, wenn man starke physische und psychische Leistungen erbringt und auch auf längere Zeit keinen Verschleiß verspürt. Was nichts anderes bedeutet, als mit Freude an etwas zu arbeiten.

Den Unterschied zwischen Freude und Problemen zeigt auch folgende Betrachtung:

Nicht erkannte Probleme wirken auch sehr stark, wenn man nichts von ihnen weiß. Man kann nicht verändern, was man nicht erkannt hat − und das ist gefährlich. Daher ist es enorm wichtig, Probleme auch zu erkennen.

Freude bzw. Gründe zur Freude können ebenfalls nicht wirken, wenn sie uns nicht bewußt sind. Ein wichtiger Erfolgsfaktor ist also, Probleme bewußt zu machen. Wenn das Problem einmal erkannt ist, hat man meistens auch schon den Keim der Verbesserung mit erkannt.

Ebenso wichtig ist es, sich die Ursachen und Gründe der Freude bewußt zu machen. Freude ist Glücksgefühl, ist Grundlage für Sich-wohl-Fühlen, ist auch Grundlage für Gesundheit. So ist Freude auch Therapie für Gesundheit und Ausstrahlung. Ein Mensch, der Freude ausstrahlt, ist beliebter, erreicht mehr Anerkennung, ist gefragt. Man möchte mit ihm zu tun haben.

„Dein Körper sagt so viel, daß ich nicht höre, was du sagst."

(Sammy Molcho)

Ein Mensch, der täglich mit dem Erfolgsbarometer Bilanz zieht, ist auch ein Mensch, der täglich verändert, also verbessert und dadurch nicht Gefahr läuft, plötzlich vor einem großen Scherbenhaufen zu stehen. So ist das Erfolgsbarometer ein Freuden-Erkennungs-Instrument, aber auch ein Frühwarnsystem. Um dies zu erreichen, können Sie auch mit beiliegender Technik im Anhang arbeiten.

163

„Verändere eine Unannehmlichkeit, und Du wirst hundert von Dir fernhalten."

Auch dazu kann das einfache Arbeitsmittel im Anhang verwendet werden.

Würden Sie mich nun fragen, ob ich das alles selbst gut mache, ob ich diese Ideale beherrsche, so würde ich ganz klar und deutlich „nein" sagen. Würde ich alles so beherrschen, wie es sein könnte – ganz abgesehen davon, daß man das wohl nie ganz erreichen wird – so wäre ich wohl nicht mehr in der Lage, darüber zu schreiben. Was jedoch noch viel wichtiger ist: Die Chance, Freude anzustreben, wäre dann gleich null. Weil ich selbst noch lange nicht so weit bin, verwende ich täglich die beiliegende Technik.

Heiterkeit, Gelassenheit und Erfolg entstehen nicht, weil man eventuell keine Konflikte oder Probleme hat, sondern aus der Kunst, diese in Vorteile, Chancen und Freuden umzusetzen.

Eine ideale Zusammenfassung meiner Ausführungen in diesem Buch sind nachfolgende Zeilen. Sie stammen von Tagore, einem modernen Philosophen, der 1913 den Nobelpreis für Philosophie bekommen hat:

„Ich schlief und träumte, das Leben sei Freude. Ich erwachte und sah, das Leben ist Pflicht. Ich tat meine Pflicht und siehe, das Leben ward Freude."

Diese Freude wünscht Ihnen der Autor

Josef Schmidt

Arbeitstechnik

Mach Dir den Tag doch niemals schwerer; ist er nicht Freund, so ist er Lehrer.

Wie ist meine Einstellung zum heutigen Tag, zur momentanen Situation?

1. Wie war mein heutiger Tag, was habe ich Besonderes erledigt oder erlebt?

   _____

   _____

2. Was habe ich dabei empfunden und welche Gefühle hatte ich?

   _____

   _____

3. Welche Idee leite ich davon ab?

   _____

   _____

4. Wie kann ich das in Zukunft noch besser verwerten, was habe ich daraus gelernt?

   _____

   _____

5. Wünsche und Ziele, die ich mir erzähle. Was davon bringe ich in meine lang-, mittel- und kurzfristige Planung ein?

   _____

166 _____

© Copyright 1989 Josef Schmidt Colleg GmbH, Bayreuth